新质生产力

构建中国式现代化产业体系

吴建波 华崇鑫 著

人民邮电出版社

北 京

图书在版编目（CIP）数据

新质生产力：构建中国式现代化产业体系 / 吴建波，
华崇鑫著. -- 北京：人民邮电出版社，2024. -- ISBN
978-7-115-65020-7

Ⅰ. D61

中国国家版本馆 CIP 数据核字第 2024SU0078 号

内 容 提 要

本书由理论内涵、科技创新、数实融合、新型工业化、未来产业、县域经济和创新实践这
7 个部分构成，介绍了战略性新兴产业、未来产业、数字经济、人工智能、专精特新等前沿科
技领域的最新理论与实践成果，旨在帮助读者深刻把握新质生产力带来的战略机遇。

本书适合企业家、政府工作者，以及对新质生产力感兴趣的人士阅读。

◆ 著　　　　吴建波　华崇鑫
　　责任编辑　孙馨宇
　　责任印制　马振武
◆ 人民邮电出版社出版发行　　北京市丰台区成寿寺路 11 号
　　邮编　100164　　电子邮件　315@ptpress.com.cn
　　网址　https://www.ptpress.com.cn
　　涿州市般润文化传播有限公司印刷
◆ 开本：720×960　1/16
　　印张：16　　　　　　　　　2024 年 10 月第 1 版
　　字数：244 千字　　　　　　2025 年 9 月河北第 3 次印刷

定价：79.90 元

读者服务热线：(010) 53913866　印装质量热线：(010) 81055316
反盗版热线：(010) 81055315

新质生产力是新时期高质量发展的主旋律

根据恩格斯的观点，生产力的本质是具有劳动能力的人和生产资料相结合而形成的改造自然的能力。生产力可以理解为人类创造新财富的能力，它包括劳动力、生产资料、科技、管理和教育等方面，生产力的提高意味着在同等的资源条件下能够创造更多的财富。

新质生产力，是创新起主导作用，摆脱传统经济增长方式、生产力发展路径，具有高科技、高效能、高质量特征，符合新发展理念的先进生产力质态。新质生产力概念的提出紧扣时代的技术进步。一方面，当前移动通信开启5G-A新周期，AI处于向通用化发展的过渡期，工业互联网进入攻坚期，网络技术迎来创新涌现期，新一轮信息技术变革引发新产业新业态，AI电视、AI计算机、AI手机、AI XR、AIoT终端等纷纷面市，AI重塑数字产品，赋予其新的价值，为数字产业化提供了新的生产力。另一方面，信息技术是通用技术，将赋能产业数字化，优化生产要素，促进转型升级、节能提质、增效降本，传统产业也因此焕发新的生命力。数字技术与绿色能源、新兴材料、生物技术等的结合，重新定义了产业发展模式，开拓新蓝海并催生新业态，例如与新能源车结合的智能网联车，开辟了汽车的新赛道。影响更为深远的是AI引领新的科研范式，在实验发现、理论探索、计算仿真、数据分析之后，科研范式发展到智能引擎范式，显著扩展了人类认识世界和改造世界的能力，还将进一步解放生产力。

发展新质生产力是推动高质量发展的内在要求和重要着力点。世界百年未有之大变局全方位、深层次加速演进，不确定性形势纷繁复杂。我国亟须改变对土地、劳动力和资金的过分依赖，充分发挥以科技为内涵的全要素生产率的作用，特别是要激发数据作为新的关键生产要素的动能，实现低碳化、绿色化、城镇化、共同富裕等确定性目标。为此，需要大力发展新质生产力，夯实现代化经济体系基底和高质量发展的根基，最大程度地激发社会生产力的巨大潜能，推动实现新时代社会生产力水平的总体跃升。

深化改革创新引领推进发展新质生产力重大任务的实现。新质生产力的显著特点是创新，科技创新是发展新质生产力的核心要素。当前我国科技供给能力不足，科技创新仍任重道远，从科技创新到产业创新之路还不够通畅。企业不仅是产业创新的答题人，还应是科技创新的主要出题人和应用创新的阅卷人。新质生产力本身就是绿色生产力，企业需要秉承绿色低碳的发展理念，开发绿色算力，提升传统产业能效。发展新质生产力需要新型生产关系来适应，要深化经济体制、科技体制等改革，着力打通束缚新质生产力发展的堵点，让有效市场和有为政府发挥乘数效应。人是生产力中最重要的因素，以人为本将始终是发展的重中之重，需要深化人才工作机制创新，培养大批符合新质生产力要求的人才。为此，党的二十届三中全会指明了方向，"加快形成同新质生产力更相适应的生产关系，促进各类先进生产要素向发展新质生产力集聚"。

新质生产力理论思想深邃，内容丰富，时代特色鲜明，切合中国实际。发展新质生产力、建设现代化经济体系是新时代中国经济发展的重大理论命题和实践课题，需要认真领会和积极实践。本书旨在抛砖引玉，激发更多的研究和实践，为我国新质生产力的发展添砖加瓦。

中国工程院院士　邬贺铨

适应新质生产力发展需要，加快构建新型现代产业体系

2024 年 7 月 15 日至 18 日，中国共产党第二十届中央委员会第三次全体会议在北京召开。会议指出，要"健全因地制宜发展新质生产力体制机制"。

新质生产力是习近平总书记提出的最新生产力理论，代表了生产力发展的新方向。它适应中国特色社会主义制度，是中国共产党发扬历史主动精神，探究人类社会发展规律、社会主义建设规律和党的建设规律而取得的又一重大理论成果。如果说传统生产力实现了人类的分工，那么新质生产力能够把人类从繁重的体力劳动中解放出来。它超越了传统生产力的局限，代表着一种新兴的、具有变革性的生产能力，强调创新驱动、高效能和高质量发展，以科技创新为核心驱动力，通过构建现代化产业体系，促进经济结构优化升级。

当前，我国已进入全面建设社会主义现代化国家的新发展阶段，应全面贯彻新发展理念，加快构建新发展格局，着力推动高质量发展。深刻理解和领会新质生产力的内涵，大力发展战略性新兴产业和未来产业，以新质生产力驱动高质量发展。

新一轮科技革命和产业变革在全球范围内创造了广阔的发展空间，科技创新成果不断涌现，创新成果的应用也持续取得新进展，新兴产业和新经济形态应运而生。在这样的背景下，世界经济格局将迎来变革，凭借多年以来在经济、科技方面的积累，我国有机会在新的经济格局中取得优势地位。将新质生产力作为高质量发展的关键推力，需要多方发力来加大科技创新方面的投入，将关键核心技术的自主创新作为重点任务，产出更多科技创新成果，并重视成果的质量和开创性。此外，还要加速科技创新成果的转化，围绕创新成果推进产业建设，推动产业沿着高端化、绿色化、智能化的方向实现转型升级，构建现代化产业体系，创造经济发展新动能。

本书阐述了新质生产力的科学内涵及其对社会发展的重大意义，从系统论视角出发，建立了"要素—结构—功能"的分析框架，围绕科技创新、产业链布局、新型生产关系等关键议题展开讨论。这些内容不仅提供了丰富的理论支撑，也为实际操作指明了方向，旨在帮助读者思考如何在实践中更好地应用这一理论，从而抓住新一轮科技革命和产业变革的历史机遇。期待这本书能够激励更多人投身于新质生产力的研究与实践中，共同推动我国经济社会向更高质量、更有效率、更加公平、更可持续的方向发展。

中国科学院院士　黄维

新质生产力：以科技创新引领现代化产业体系的未来图景

新质生产力诞生于新一轮技术革命之中，蕴含着巨大的变革力量，其所代表的前沿技术、创新领域与未来产业新赛道是新经济背景下推动经济发展的动力引擎。发展新质生产力是推动高质量发展的内在要求和重要着力点。

新质生产力与构建现代化产业体系二者相辅相成、互相促进。一方面，构建现代化产业体系为新质生产力的发展指明了方向，并提供了实现路径；另一方面，培育新质生产力是构建现代化产业体系的核心目标与本质要求。二者在相互作用过程中不断为经济发展注入新动力。

作为科研工作者，我见证了互联网技术从最初的拨号上网时代发展至如今的高速光纤宽带时代，亲历了这一过程中科技创新给社会带来的深刻变革。展望未来，新型网络通信将作为新质生产力的核心驱动力之一，深度赋能社会经济，促进先进业态的演进。互联网诞生以来，新技术、新应用持续涌现，新型网络通信技术为传统产业赋能，加快推进前沿技术对传统产业的高效渗透，实现新兴产业与传统产业的交叉融合，用新技术实现传统产业的转型升级，支撑传统产业走向智能化与数字化，释放传统要素、传统产业的发展潜力。

我们应顺应世界技术与经济发展潮流，以先进科技与前沿技术为发力点，推动劳动者、劳动资料与劳动对象的优化组合，以系统性思维、前瞻性眼光与开创性理念培育网络通信先导产业，加速产业的技术赋能与技术的产业变现，为培育新质生产力与构建现代产业体系抢占先机。

在数字时代，通信网络、大数据、人工智能和智慧网络等新一代信息技术正以前所未有的速度推动着人类社会的进步。这些新技术不仅改变了人们的生活方式，更成为驱动经济增长和社会发展的重要力量。本书探讨了新质生产力的发展趋势及其对现代社会的影响，逻辑清晰、结构严谨、内容丰富，对于构建我国经济增长新引擎、培育产业发展新动能，具有较强的理论创新意义与实践探索价值。

中国工程院院士　张宏科

发展新质生产力，迈向数智高密集型绿色新工业

　　马克思认为生产力是人类劳动改造自然的能力，并在《资本论》中进一步阐述，同时指出生产力是由劳动者、劳动资料和劳动对象组成的综合体。

　　2023 年 9 月，习近平总书记在黑龙江考察调研期间首次提出新质生产力，强调要整合科技创新资源，引领发展战略性新兴产业和未来产业，加快形成新质生产力。这一概念在 2023 年 12 月的中央经济工作会议中得到进一步强化，会议提出要以科技创新推动产业创新，特别是以颠覆性技术和前沿技术催生新产业、新模式和新动能，发展新质生产力。

　　科技是第一生产力，科技创新通过推动产业结构重塑，形成新质生产力。新质生产力是对马克思主义生产力理论的创新和发展，它基于新一轮科技和产业革命而产生，具有高科技、高效能、高质量的特点。发展新质生产力不仅能够创造数智化的战略性新兴产业和未来产业，还能够促进传统产业的可持续发展。

　　历史上，每一场工业革命的到来都伴随着出行方式的重大变革。进入 21 世纪后，随着城市拥堵问题日益严重，低空立体交通成为解决之道。电动航空在安全性、高效性、环保性等方面具有显著优势，被认为是未来城市交通系统绿色化和智能化的关键组成部分。作为未来发展的一大趋势，电动航空产业被视为新质生产力的重要载体之一，有望成为我国在相关领域实现弯道超车、领跑世界的重大历史机遇。以小窥大，各个领域要从追踪并跑到领跑，必须先牢牢抓住科技创新这个"牛鼻子"，进而构建数智化、高密集型绿色新工业，把握未来经济新增长极。

本书结合新质生产力的概念，赋予新型工业化更深的时代意义。在新型工业化篇，探讨了新质生产力与新型工业化的关系，分析了智能制造推动新型工业化发展的实施路径，以及如何构建可持续发展的绿色工业体系，为推动实现中国式现代化和经济高质量可持续发展提供了有价值的思路和策略。

加拿大工程院院士　杨军

如今，我国已成为世界第二大经济体。从纵向维度来看，目前我国每年 GDP 增量已远超 20 世纪 90 年代初期全年 GDP 总量，在世界经济版图中的分量和贡献均不容小觑；从横向维度来看，我国经济增速在全球主要经济体中保持领先。"乘风破浪向前"成为当前中国经济的真实写照。

党的二十大报告提出："当前，世界百年未有之大变局加速演进，新一轮科技革命和产业变革深入发展，国际力量对比深刻调整，我国发展面临新的战略机遇。"这一重大论断为我们正确认识和把握新征程上新的战略机遇，采取科学有效的应对举措提供了科学指引。要"加快构建新发展格局，着力推动高质量发展"，必须发展新质生产力。

从 2023 年 9 月习近平总书记在黑龙江考察调研时被首次提出，到写入中国政府工作报告，"新质生产力"一词迅速引发广泛关注。什么是新质生产力、为什么要发展新质生产力、应该怎样发展新质生产力等一系列问题亟须探索。

"新质生产力"之所以令人耳目一新，主要在于"新"和"质"。从这两个字入手，便能够理解新质生产力的内涵。回顾人类社会的发展史可以发现，正是生产力的变革，推动着人类文明不断向前发展。信息化时代到来后，互联网、大数据、云计算、区块链、人工智能等新技术飞速发展，人类社会也进入数字化、信息化、智能化阶段。"科技是第一生产力"，尤其是重要产业领域的关键性和颠覆性技术突破，能够带来生产力的变革，催生新的经济结构和经济形态，并推动传统产业转型升级。"质"可以理解为性质、本质，与传统生产力相比，新质生产力不仅要体现为"量"的提升，更意味着"质"的飞跃，是一种属于新时代的先进生产力。创新成为经济发展的重要驱动力，推动经济新时代的到来，而生产要素配置和产业结构也将发生根本性变革，全新的现代化产业体系将得到确立。这是一个质变的过程，是新质生产力"质"的重要体现。

生产力迭代是人类社会发展的内生引擎。只有抓住生产力变革的契机，才能抢占先机，获得发展主动权和竞争优势。随着互联网的发展，大数据、云计算、人工智能等技术不断涌现，这些技术对提升人民生活品质、创新产业生态、改变经济发展模式等均具有十分重要的意义。进入新时代，需打破对传统粗放式发展路径的依赖，发展新质生产力，实现经济高质量发展。因此，新质生产力体现的是高质量发展观。

人才是第一资源，是推动高质量发展的关键性因素。以创新驱动发展，关键要发挥人的价值。在国家政策的引领下，人才强国战略不断贯彻落实。例如，面对关键技术创新攻坚等任务，华为等企业组建了规模庞大的研发团队，协同创新。因此，新质生产力体现的是优质人才观。

此外，发展新质生产力，需要统筹各方面的资源、协同各领域的力量，是一个系统性、全局性、整体性的大工程。从企业等各类主体，到政府等相关部门，在新质生产力的发展过程中不能"单打独斗"，而应该上下联动、左右协同，形成强大的发展合力和共振效应。

2024 年 3 月 20 日，习近平总书记在湖南省长沙市主持召开新时代推动中部地区崛起座谈会上强调："要以科技创新引领产业创新，积极培育和发展新质生产力。立足实体经济这个根基，做大做强先进制造业，积极推进新型工业化，改造提升传统产业，培育壮大新兴产业，超前布局建设未来产业，加快构建以先进制造业为支撑的现代化产业体系。"

发展新质生产力与构建现代化产业体系二者之间关联密切。一方面，发展新质生产力，有利于开辟新领域、拓展新赛道，为我国现代化产业体系的构建提供重要驱动力；另一方面，构建现代化产业体系，能够为新质生产力的发展提供重要的平台和载体。

本书立足于我国高质量发展的内在要求与阶段特征，紧紧围绕"新质生产力"这一重大理论和实践课题，全面阐述新质生产力的理论内涵、政策逻辑与实现路径，旨在帮助读者深刻把握新质生产力带来的战略机遇。

笔者

2024 年 6 月

目录 ◀◀

 **第一部分　理论内涵篇**

第二部分 科技创新篇

第三部分 数实融合篇

第四部分　新型工业化篇

第五部分　未来产业篇

➤➤ 第六部分　县域经济篇

理论内涵篇

第 1 章

新质生产力：
中国式现代化新引擎

01 深刻理解"新质生产力"

2023 年 9 月 7 日，习近平总书记主持召开新时代推动东北全面振兴座谈会，并在会上强调："积极培育新能源、新材料、先进制造、电子信息等战略性新兴产业，积极培育未来产业，加快形成新质生产力，增强发展新动能。"

这是"新质生产力"这一概念的首次提出。

2024 年 1 月 31 日，习近平总书记在主持中共中央政治局第十一次集体学习时，再次提到了新质生产力："概括地说，新质生产力是创新起主导作用，摆脱传统经济增长方式、生产力发展路径，具有高科技、高效能、高质量特征，符合新发展理念的先进生产力质态。它由技术革命性突破、生产要素创新性配置、产业深度转型升级而催生，以劳动者、劳动资料、劳动对象及其优化组合的跃升为基本内涵，以全要素生产率大幅提升为核心标志，特点是创新，关键在质优，本质是先进生产力。"

新质生产力的提出适用于当前我国的发展阶段、发展环境和发展条件，是党和国家对现代化产业体系建设的深远谋划。

目前，在世界范围内，生产力正在发生系统性变革，在新生产力的驱动下，人类社会将经历从工业时代到数字信息时代的跃迁。新质生产力这一概念既具备思想理论上的意义，也拥有现实发展上的意义，是马克思主义政治经济学的新理论成果，也是我国经济高质量发展的重要推力。可从"新"和"质"这两个方面来理解新质生产力的概念，如图 1-1 所示。

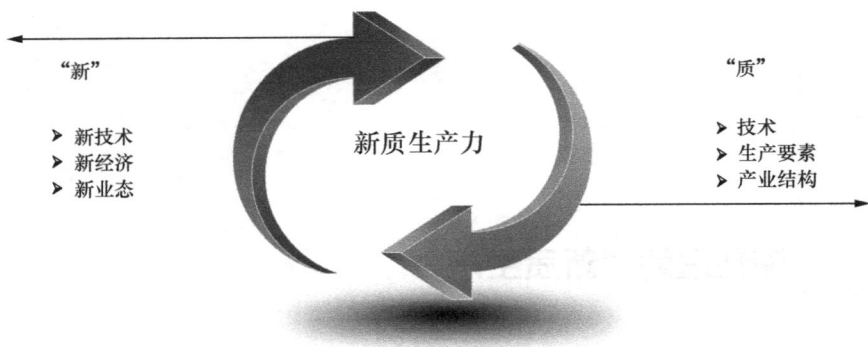

图 1-1　新质生产力的概念解析

（1）"新"：新技术、新经济、新业态

"新"，表明了新质生产力与传统意义上的生产力不同，是相对于旧生产力的革新和进步，表现为新技术、新经济、新业态。就目前我国的产业发展状况而言，新技术的作用和地位尤其重要，它指的是关键性和颠覆性技术突破。

近年来，我国在战略性新兴产业和未来产业发展上已取得一定的成果和进步，但受起步较晚、基础较薄弱等因素的影响，在部分领域的技术创新上仍无法取得突破。而新质生产力正着眼于改变这一现状，将关键性和颠覆性技术突破视作重点目标，致力于树立自主创新意识，提高自主创新能力，助力我国在新兴产业中占据有利位置，推动现代化产业体系的构建和经济的高质量发展。

● **新技术**：谨记"科技是第一生产力"，强调重要产业领域的关键性和颠覆性技术突破。

● **新经济**：以科技创新、组织形式创新等为基础的经济结构和经济形态。

● **新业态**：将技术落地为产业，围绕数字技术建设现代化产业，推动传统产业转型升级。

（2）"质"：推动生产力实现质的跃升

"质"，可以理解为性质、本质，是独属于某一特定事物的规定性。与传统生产力相比，新质生产力不仅要体现为"量"的提升，即生产效率的提高；更意味着"质"的飞跃，是一种属于新时代的先进生产力。新质生产力"质"的跃升主要体现在技术、生产要素、产业结构这3个方面。

●**技术**：新质生产力涉及人工智能、大数据、云计算、数字孪生等新技术，这些技术能够推动经济的转型升级。

●**生产要素**：新质生产力用知识、技术、管理、数据等新型生产要素代替自然资源、能源等传统生产要素。

●**产业结构**：新质生产力的发展将推动产业结构的优化升级，催生出一大批新兴产业和新的经济增长点。

新质生产力重视发挥创新的驱动作用，将科技进步与关键性和颠覆性技术突破作为重要驱动力，并将科技突破与生产要素组合，推动生产力取得进步。在要素和投资之外，让创新成为经济发展的重要动力。创新驱动下的发展将推动经济新时代的到来，使生产要素配置和产业结构发生根本性变革，全新的现代化产业体系将得到确立。

02 新质生产力的内涵特征

目前，全球各国都在积极推动产业变革，世界范围内的产业结构和经济格局可能迎来巨变。数字技术改变了经济发展范式，以实物和人力为代表的传统发展动能显现出局限性，例如，自然资源面临枯竭等问题；人力在能力和效率等方面存在上限。总之，需要寻找新的发展动能，以满足中国在新国际局势下的发展需要。

新的发展动能应具备更强的可持续性和包容性，对经济社会发展和环境保护产生积极影响。传统经济发展范式较多地依靠物质资源，存在资源消耗和环境污染等问题，不能满足可持续发展的要求。而新质生产力重视创新驱动，以信息技术、新能源技术、新材料技术、先进制造技术等作为引擎推动经济发展，在现代化产业体系和高质量发展中发挥着关键作用。

新质生产力的内涵特征有以下3个方面的体现，如图1-2所示。

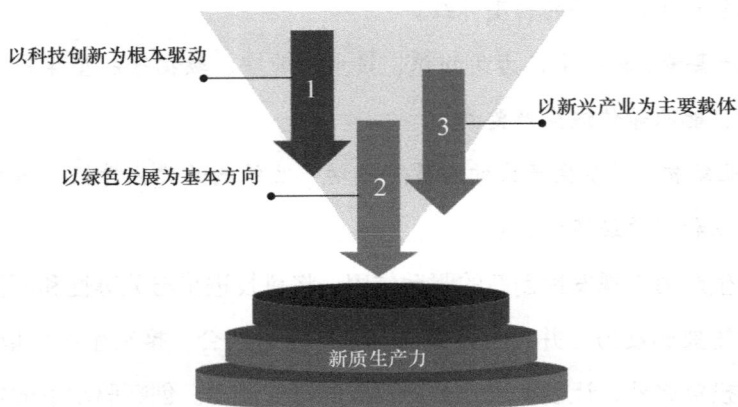

图1-2　新质生产力的内涵特征

（1）以科技创新为根本驱动

新质生产力的"新"还体现为新的发展驱动力，即以科技创新驱动，这有别于传统生产力以要素和规模驱动。对生产力来说，科技创新是一种强大的推动力，生产力将从科技创新中受益，形成新的生产模式，实现更高的生产效率，产出更多的生产成果。

纵观人类历史，科技进步和工具革新对生产力水平的提升作用显而易见，作为三次科技革命的产物，蒸汽机、电力、计算机和互联网均带来了生产力的大幅跃升，使生产方式、社会组织形式、人类生活及世界格局发生翻天覆地的变化，拉开人类新时代的序幕。但过往三次科技革命的基本特征是"点状突破"，即集中于某一项重点技术的突破，而新一轮科技革命则表现为"链式突破"，人工智能、大数据、机器人、生物技术、材料科学等领域纷纷取得新进展，大有遍地开花之势。

当前，发挥核心驱动作用的是数字技术。数字技术的作用是全局性的，它能够使新技术转化为新质生产力，还可以将各类新技术聚集起来，使它们相互融合，形成一套新的生产力系统。

（2）以绿色发展为基本方向

我国经济在生产要素和投资规模的驱动下迅速增长，经济总量和规模大幅提升。2018—2023年中国GDP和中国人均GDP走势如图1-3所示。虽然我国经济发展的成就有目共睹，但发展过程中产生的问题也不容忽视。生态问题是关乎生存环境和可持续发展的关键，应转变发展方式，在高速发展的同时兼顾发展质量。

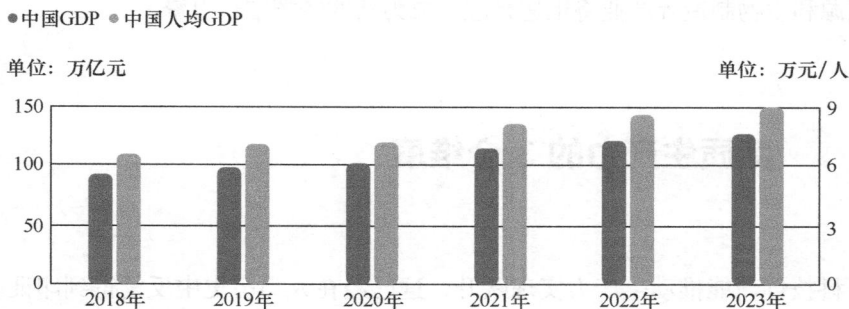

●中国GDP ●中国人均GDP

数据来源：中经数据。

图1-3 2018—2023年中国GDP和中国人均GDP走势

绿色发展是新一轮科技革命的主要特征，新能源、新材料等产业的基本方向和诉求就是降低能耗和减少污染，在实现经济增长的同时付出更少的生态环境上的代价。新质生产力以科技创新来驱动经济发展，将自动化、智能化、网络化等新技术引入生产过程，减少资源消耗，使资源得到更加高效的利用，实现绿色生产。举例来说，物联网和智能传感器能够掌握材料和能源的流向，实现更准确地调度资源，从而减少资源浪费；新材料有助于实现资源的回收利用，促进循环经济发展，例如热固性树脂材料就是一项重要的技术创新。

（3）以新兴产业为主要载体

新质生产力和新兴产业之间是相互促进的关系。新质生产力以科技创新为根本驱动，而科技创新是产业创新的基础和支撑，新兴产业意味着新的经济增长点和新的发展领域，能够为新业态的生产力提供土壤。新质生产力从产业层面促进经济发展，一方面体现为传统产业的升级；另一方面体现为新兴产业的创立。

新技术能够促进不同产业间的融合，增强产业之间的协同性，使资源共享更加便捷，推动产业变革。例如，低碳技术支持的新能源产业能够有效降低能耗和减少污染，对于保护生态环境具有重要意义；依托生命科学和生物技术，生物能源和生物制造等产业将迅速兴起，成为新的经济增长引擎。

03 / 新质生产力的 3 个维度

科技创新能推动生产力实现跃升，这已经在人类历史中反复得到印证。如今，科技创新呈现出较为繁盛的态势，信息、能源、材料、生物等领域展现出较强的创新活力，诞生了许多创新成果。科技创新涉及的领域较广，同时不同领域的创新还实现了交叉融合。在科技创新的驱动下，产业的升级和变革正在加速进行，而科技创新和产业变革又赋予了生产力全新的面貌。

新质生产力改变了传统生产力的发展特征和路径，将知识和技术作为重要的生产要素和发展驱动力，通过信息化、数字化、智能化等手段不断推动产业转型升级，开拓新兴产业，取得更高质量的发展成果。

生产力包含劳动者、劳动资料、劳动对象三要素。对应地，新质生产力包含以下 3 个维度，如图 1-4 所示。

图 1-4　新质生产力的 3 个维度

（1）新质劳动者

传统生产力中的劳动者可能会经常从事简单的重复性劳动，同样面对重复性劳动，新质生产力可以采用数字技术实现远高于人力的工作效率，此外，数字技术还能够完成许多人力所不能及的工作。相较于传统生产力，新质生产力对劳动者的要求大不相同，新质劳动者应具备较强的学习能力，能够掌握现代技术、操作先进设备。

得益于庞大的人口总量和完善的基础教育体系，我国研发人员总量一直在世界范围内处于领先地位。"研发人员全时当量"是国际通用的用于比较科技人力投入的指标，是指研发人员按实际从事研发活动的时间所计算出的工作量。2012—2022 年我国研发人员全时当量如图 1-5 所示。

从研发人员规模看，我国具备新质生产力发展的有利条件。不过，新质生产力发展对人才的要求不仅体现在数量上，还体现在质量上，目前我国高水平人才的储备亟待扩充，人才队伍的总体质量尚有提升空间。

培养更多符合新质生产力要求的人才、扩大新质劳动者队伍，需要加深和巩固产学研合作，发挥多个培养主体间的协同作用，根据产业需求和培养对象的情况采用联合培养模式、区域合作模式、依托项目模式等多种培养形式。除了新质劳动者，企业家在新质生产力发展中的作用也非常关键，他们掌握关键资源，可做出重要决策。

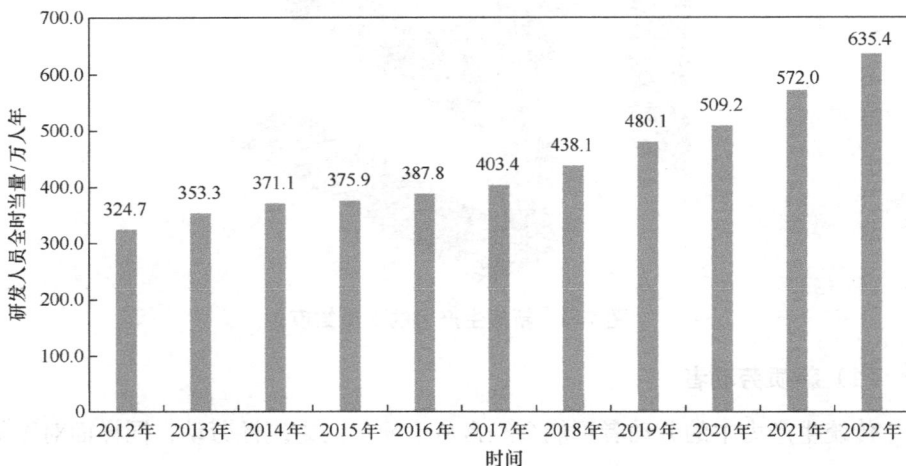

数据来源：科学技术部。

图 1-5　2012—2022 年我国研发人员全时当量

（2）新质劳动资料

与传统生产力相比，依托于新技术的新质生产力需要相应的新质劳动资料。换言之，被赋予更高技术含量的劳动资料不仅是新质生产力的重要特征，也是其重要的动力源泉。

劳动资料中起决定作用的是生产工具，生产工具是生产力高低的主要标志。新技术的发展带来了一批新型生产工具，它们不仅能够解放人力，带来更高的生产效率，还能够大幅拓展生产空间，有效提升生产的安全性。此外，工业互联网等领域的发展，也使生产工具的形态更加丰富。在新质劳动资料中，人工智能设备、虚拟现实设备、增强现实设备和自动化制造设备等新质生产工具的作用尤其关键，它们推动了制造流程的智能化升级，并孕育出个性化、定制化的智能制造新范式，从而带动生产力的跨越式发展。

（3）新质劳动对象

最早的劳动对象都是实物，而随着科技的进步，传统劳动对象呈现出数字化趋势，新的劳动对象开始涌现，例如新材料、高端智能设备等具备实物形态的劳动对象，以及数据等以虚拟形态存在的劳动对象。新质劳动对象将带来巨大的生产效能，尤其是数字经济的核心驱动作用高度凸显数据这一生产要素的重要性。

数据的出现及广泛应用使现实生产力转向数字化和智能化。以大数据产业为例，整个产业都是围绕数据运行的，包括数据的采集、加工、分析、服务等，在大数据产业中，数据成为一种新质劳动对象。大数据产业要用到强大算力、先进算法及成熟模型，这些都将为新质生产力的形成提供重要支撑。

总之，推动新质生产力形成，要从劳动者、劳动资料、劳动对象三要素入手，当三要素全部发生质变时，生产力实现质的飞跃便水到渠成。

04 实现中国式现代化的基石

新质生产力是科技革命和产业变革的重要驱动，将产生新的发展动能，开辟新的发展路径，确立新的发展优势。因此，必须认识到新质生产力的全局性和战略性意义，对发展新质生产力给予足够的重视和投入。可从发展动能、产业形态、创新活力、要素支撑4个方面入手发展新质生产力。

（1）推进体制改革，增强发展动能

马克思提出生产关系需要与生产力相适应，这一理论同样适用于新质生产力，应确立与新质生产力相对应的新型生产关系。生产关系与管理模式和体制

机制关系密切，需要推进全面深化改革，坚持开放，为新质生产力的发展提供动力和活力。

从改革层面出发，全面深化改革管理模式和体制机制，以体制创新作为科技发展、教育建设和人才培养的推动力，消除体制层面可能存在的阻碍因素，创新新型生产要素的配置方式，为新质生产力的发展释放能量。从开放层面出发，提高开放的水平和质量，从创新政策入手积极拥抱国际标准，洞察世界创新格局，创造有利于新质生产力发展的国际环境。发挥我国市场规模优势，充分开发国内市场，同时在世界范围内吸纳人才、技术、资产等先进生产要素，将国内的庞大产能和巨大需求与新质生产要素结合起来，推进新质生产力的发展。

（2）厚植发展沃土，培育产业形态

生产力由产业所承载，因此在新质生产力的发展中，新兴产业所处的位置非常关键。在发展新兴产业时，要注意新兴产业不是"空中楼阁"，而是建立在传统产业垒造的地基之上，借助新技术实现传统产业的转型和改造。根据新技术的发展现状，传统产业的转型方向包括数字化、智能化、绿色化等。新兴产业的建设与发展既要依托已有的产业基础，同时要结合技术积累和资源禀赋等方面的情况。围绕新兴产业建设建立产业集群，形成产业集群优势，能够提高产业综合实力。

目前，新能源汽车、高端装备、数字科技等新兴产业的发展前景较好，能创造出较为可观的经济收益，同时发展条件也较为成熟。以新能源汽车产业为例，2012—2023 年中国新能源汽车产量情况如图 1-6 所示。对于处在成长期的战略性新兴产业和未来产业，要发挥企业的创新主体作用，鼓励企业间的合作和资源共享，提高创新效率，加快产业建设。构建现代化产业体系，对新兴产业可起到统筹作用，根据不同区位的特点和优势，实现新质生产力的合理布局，为产业的高质量发展打下坚实的基础。

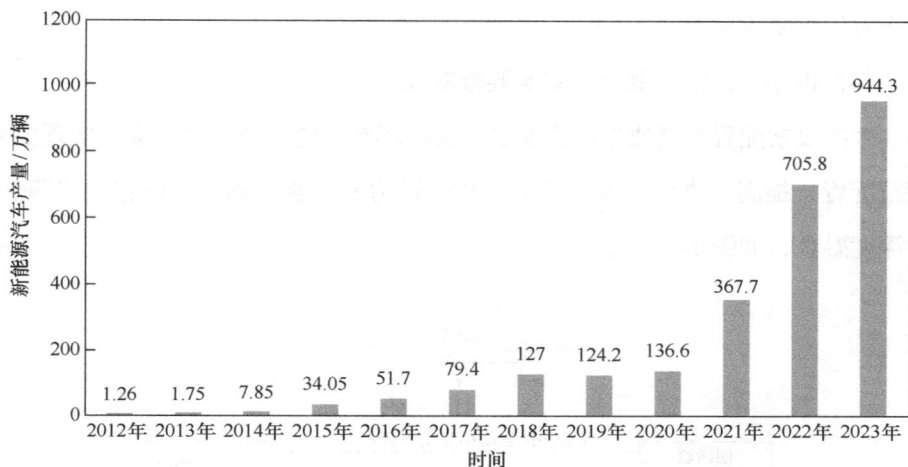

数据来源：中国汽车工业协会。

图 1-6 2012—2023 年中国新能源汽车产量情况

（3）瞄准关键技术，激发创新活力

新质生产力的特点是知识密集和技术密集，其产生不是一个线性累积的过程，而是需要关键技术的突破作为强大推动力。因此，在发展新质生产力时，关键技术的突破和创新处在核心位置，是优先级最高的工作。出于推进技术创新的需要，应构建创新联合体，形成稳定高效的创新生态。

创新联合体是在政府的鼓励下，企业与高校、科研院所联合建立的产业技术研究院、产业创新联盟、共建工程中心、工程实验室和技术中心，是提升企业技术创新能力、实现关键技术突破的有效组织形式。在创新联合体中，科技创新型企业居于主导地位，科研院所等多种创新主体也参与其中，发挥不同主体间的协同作用，实现资源和技术共享，同时加强市场化运作，完成科技创新成果向新质生产力的转化。产业是科技创新的重要导向，应注重科技创新和产业创新的融合，以科技创新引领产业创新，以产业创新驱动科技创新，实现两者的相互促进和协同发展。此外，还应聚焦人工智能、量子信息、集成电路等前沿科技领域，推进关键技术攻关，提升自主创新能力，让科技创新成为新质生产力的重要驱动力。

（4）推动"四链"融合，夯实要素支撑

生产要素配置是新质生产力发展的关键环节，应围绕生产要素，实现要素创新配置，提高要素生产率。建立新质生产力的要素支撑，关键在于"四链"的深度融合，如图 1-7 所示。

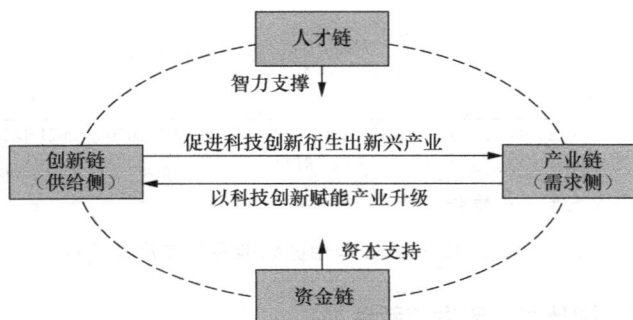

图 1-7　"四链"融合的基本逻辑

● **创新链**：创新链是指科技创新中基础研究、应用基础研究、应用技术开发、工程化验证或中试、技术成果商业化等相连接的链式关系。科技创新是新质生产力发展的根本性驱动，应重视创新链的基础和核心作用，提高各种创新要素的利用率和配置效率，推动各创新主体间的协同发展。

● **产业链**：产业链是指产业中具有纵向商业关联活动的多企业链式关系。依托于创新链，应实现科技创新成果的产业化，建立完整的产业链，合理配置生产要素，加强产业链上下游的协同性，提高产业链的运行效率，保证产业链的安全稳定，为新质生产力提供坚实载体。

● **资金链**：资金链是指用于基础研究、应用基础研究和重要技术研发的政府公共研发投入，以及技术成果商业化后的私募基金、天使基金、风险投资等多种形式的资本加持。围绕创新链和产业链打造资金链，可以从财政和金融两个层面入手，为与新质生产力相关的科技创新和产业发展提供更有力的财政支持，同时鼓励对金融领域的投入，从而形成坚实的资金保障，推动新质生产力相关领域的研究和创新，特别是重大核心技术的攻关。

●**人才链**：人才链是创新链、产业链和资金链的主体力量，具有多元性和多层次性。基于创新链、产业链和资金链构建人才链，根据科技创新和产业发展的需要，建设高水平的人才队伍，满足基础研究、应用研究、创新研究的需求，此外，还需要完善人才培养机制，为人才营造良好的科研环境和氛围，构筑新质生产力发展的人才基础。

第 2 章

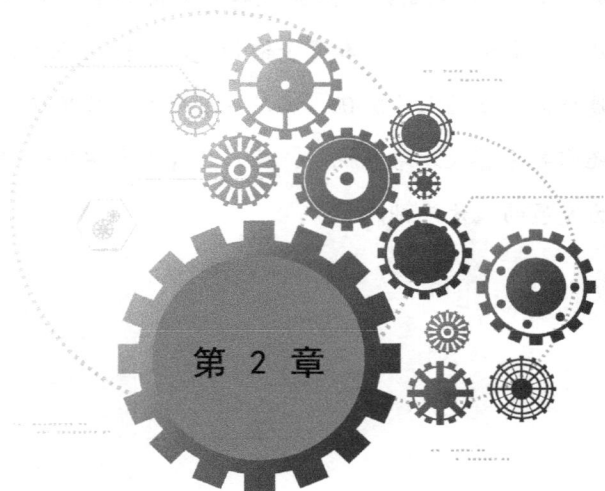

理论创新：
新质生产力的战略意义

01 / 马克思生产力理论的创新

生产力具有动态变化的特点，随着生产力的发展，社会也将不断进步，这正如马克思所言，"劳动生产力是随着科学和技术的不断进步而不断发展的"。

马克思认为，生产力中也包括科学。科技是社会发展的一般精神产品，可作为精神生产力在社会发展过程中发挥作用。科技可通过与生产力三要素（劳动者、劳动资料、劳动对象）结合的方式实现从精神生产力向物质生产力的转化。具体来说，科技与劳动者的结合能够有效提升劳动者的生产能力，科技与劳动资料和劳动对象的结合能够在一定程度上优化这二者的功能，科技与生产力三要素的结合能够提升生产力，而实际结合情况则影响着生产力提升水平。

与传统生产力相比，新质生产力在劳动者、劳动资料和劳动对象方面均具有更大优势。

从劳动者方面来看，知识型、技能型和创新型的劳动者具有较强的认识能力、实践能力、创新能力和劳动能力，与新质生产力的匹配度较高。

从劳动资料方面来看，科技的发展进一步丰富了劳动资料的内涵，除了普通机器设备和电子计算机，人工智能、虚拟现实和增强现实等智能设备也能够与新质生产力相匹配。在数字经济时代，数字技术的应用日渐广泛，劳动资料也进一步增加了数字化属性，云服务、工业机器人、工业互联网和智能传感设备等均被纳入劳动资料的范畴。

从劳动对象方面来看，与新质生产力相匹配的不仅包括未加工的自然物和经过加工的原材料等物质，还有新发现的自然物和融合了技术的原材料等物质，以及数据等非物质劳动对象。随着数据被纳入劳动对象的范畴，数字产业化和产业数字化的速度不断加快，数字技术与实体经济之间的联系越来越紧密，传统产业可以借助数字技术实现转型升级，战略性新兴产业及未来产业也可以在新质生产力的支持下快速发展。

新质生产力是马克思主义生产力理论的中国创新和实践。从具体实践上来看，新质生产力在经济高质量发展方面发挥着重要的支撑作用，对新质生产力实践情况的总结可以被整合成新的生产力理论，进而为我国的发展实践提供理论层面的指导。从社会主义的本质来看，社会主义的根本任务是解放和发展社会生产力。

我国坚持走马克思主义生产力理论与中国具体实际和时代发展要求相结合的发展道路，并积极了解和把握生产力发展规律，拓展生产力理论的内涵，促进生产力理论不断发展，同时充分发挥科技的作用，提升生产力水平，进而达到推动我国经济快速发展的目的。

科技的发展和应用有助于生产力的演进和发展，新质生产力肯定了科技的作用，并突出表现了科技的原创性和颠覆性，以及在生产力发展过程中所发挥的主导作用，为实现马克思主义生产力理论的中国化时代化提供了强有力的支持，同时也进一步丰富了当代中国马克思主义政治经济学的内容。

02 激活高质量发展的新动能

科技是经济发展的重要驱动力，科技的发展和迭代促进了生产力体系的更新。目前来看，随着科技革命的持续推进和产业体系的不断变革，世界各国不断加大创新力度，以便率先获得发展优势。

我国不断推动高质量发展，而高质量发展离不开科技创新的支持，在通过关键性和颠覆性技术的创新来为高质量发展提供助力的同时，遵循"以人民为中心"的发展理念，加快推进绿色发展。

（1）高质量发展需要注重科技创新

推动经济高质量发展需要充分发挥科技创新的驱动作用，将经济增长方式由粗放型转变为集约型。具体来说，粗放型经济增长方式在资源、资本和劳动力方面的投入较大，而集约型经济增长方式以创新为驱动力，能够提质增效，并推动经济结构转型升级。

科技水平能够为经济健康可持续发展提供强有力的支撑。2019—2023年我国研究与试验发展经费支出如图2-1所示。可以看出，我国高度重视科技创新。但若要实现高质量发展，还需要进一步解决发展不平衡、不充分的问题，打破各类发展障碍，并提升自身的科技创新能力。

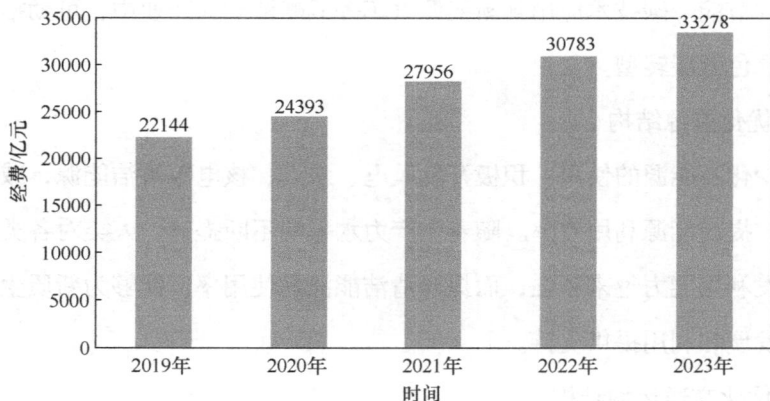

数据来源：国家统计局。

图2-1　2019—2023年我国研究与试验发展经费支出

从定义来看，新质生产力是创新起主导作用且具有高科技、高效能、高质量特征的先进生产力。新质生产力蕴含着关键性和颠覆性技术，能够打破发展壁垒，在技术层面为产业的转型升级和快速发展提供支持，弥补产业发展过程中存在的不足，进而提高生产效率、产品质量和服务质量，改变经济增长模式，适应高质量发展要求。从实际操作来看，我国应加快落实创新驱动发展战略，打通关键性和颠覆性技术创新堵点，并深度融合科技创新和经济发展。

（2）高质量发展应体现绿色发展理念

新质生产力摆脱了传统的经济增长方式与生产力发展路径，因此新质生产力必然是环境友好型、资源节约型的生产力。从这个维度来看，发展新质生产力就是发展绿色生产力。随着我国经济发展对效益的重视程度越来越高，高质量发展逐渐成为当前及未来一段时间内的主要发展趋势，绿色逐渐成为高质量发展的底色。近年来，经济发展在绿色低碳方面的要求日渐提高，我国需要据此优化产业结构、能源结构和交通运输结构，提高生产力发展的速度和质量。

① 优化产业结构

大力推进科技创新，充分发挥科技创新对绿色产业的支撑作用。同时，各种先进的节能降碳技术应用到新能源汽车等战略性新兴产业中，可助推产业结构实现绿色低碳转型。

② 优化能源结构

减少化石能源的使用，积极开发风电、水电、核电等清洁能源，减少污染物排放，提高能源利用效率。随着生产力水平的不断提升，人类对各类自然资源的开发利用能力越来越强，而提升清洁能源的使用率，能够为新质生产力的形成、发展和利用提供支持。

③ 优化交通运输结构

重视现代化综合交通运输体系建设，打通各类交通基础设施之间的壁垒，加强各类交通基础设施之间的联系和协同，建设更加完善的交通基础设施，如铁路、公路、航道等干线通道，并充分发挥大数据、人工智能等技术的作用，构建智能交通运输网络，着眼于全局来处理各项运输调配工作，提高交通中转速率。

总而言之，新质生产力能够为绿色产业的发展提供支持，并有效提高资源利用效率，优化交通运输体系，进而推动经济社会向绿色化、低碳化的方向发展，为实现高质量发展提供助力。

（3）高质量发展要强调人的全面发展

促进新质生产力的稳定发展，需要把握科技、人才和创新之间的关系，将科技作为一项重要的生产力，将人才作为一项重要的发展资源，将创新作为发展的关键驱动力，培养高素质劳动者，建设高素质劳动者队伍。此外，还应充分把握教育、科技和人才的发展规律，加强三者之间的联系，并从整体上推动三者协调发展，在掌握科技发展趋势的情况下对高校的学科设置情况和人才培养模式进行优化调整。

目前来看，科技正飞速发展，新质生产力逐渐成为推动我国经济社会发展的关键力量，劳动者能够掌握的关于关键性和颠覆性技术的新知识、新方法和新理念越来越多，且逐渐拥有更高的文化素质、知识水平和劳动技能，能够在人力资源方面支持我国经济社会实现高质量发展。

03 培育国际经济竞争新优势

近年来，世界经济发展滞缓，为了推动新质生产力发展，我国需要加强科技创新，加大对关键性和颠覆性技术的研究力度，并通过科技创新来革新产业和模式，获取新的发展动力。为了培育国际经济竞争新优势，可着重从以下 3 个方面入手。

（1）抢占发展制高点

科技创新能够给产业发展带来巨大活力和无穷动力，可通过科技创新来抢占全球产业链发展制高点，并获得发展主动权。从实际操作来看，一是充分认识到科技创新对新质生产力的支撑作用，通过提升科技水平来抢占创新链的关键点，以便在技术层面支持经济实现高质量发展；二是重视战略性新兴产业和未来产业，并在产业发展过程中获得更多新质生产力，确保科技发展坚持"四个面向"，充分发挥科技创新的引领作用，积极向科技领域延伸。

持续加大对各类新技术的开发和应用力度，提高战略性新兴产业的发展速度，积极推进未来产业布局工作，并优化知识产权管理，加强人才培养，从制度和人才两个层面为科技创新提供强有力的支持。另外，在推动科技创新发展的过程中，还应加强国际交流和合作，积极学习其他国家的先进技术和管理经验，确保科技自立自强与开放式创新之间保持辩证统一的关系，不断增强自身的自主创新能力。

（2）培育竞争新优势

我国对外贸易对于推动我国经济社会发展、提高国家综合实力和国际影响力、加强与世界经济融合发挥了不可取代的重要作用。

当前，我国经济发展进入新常态，传统竞争优势明显削弱，新的竞争优势尚未形成。但在发展新产业、新业态、新领域和新赛道的过程中，我国已经获得一些成果和经验，且具有较好的发展基础和发展条件。必须适应新形势新要求，巩固外贸传统优势，在维持良好发展态势的基础上，加快培育竞争新优势，继续发挥出口对经济发展的重要作用，强化产业经济竞争力，促进我国经济持续健康发展。

（3）培育发展新动能

随着科技革命和产业变革的不断推进，培育发展新动能逐渐成为建立国际经济竞争优势过程中的重要环节。具体来说，新动能的特点主要体现在需求牵引、基础要素和发展方向3个方面。

• *需求牵引主要依靠知识流动、技术扩散和产业升级。*

● 基础要素主要包括信息、数据和技术。

● 发展方向主要涉及数字经济、生物经济和共享经济。

一般来说，新质生产力与各个战略性新兴产业和未来产业的科技创新息息相关。信息技术、航空航天、类脑智能、高端装备、未来网络等产业均有广阔的发展空间和巨大的发展潜力，且具有知识技术密集的特点，新质生产力与这些产业的创新结合能够有效减少物质资源消耗，提升综合效益，助力各个产业实现高质量发展。

此外，民营企业等创新主体在发展新质生产力中大有可为，要解决民营企业在体制性和政策性方面的各项难题，以便依托民营企业来集成各项创新要素，推动创新成果落地，优化调整经济创新发展格局，建立科技、产业、金融等多项相关要素一体化的创新体系。

04 满足人民对美好生活的需要

在我国发展历程中，社会主要矛盾并非是一成不变的。具体来说，社会基本矛盾是生产力与生产关系之间的矛盾，以及经济基础与上层建筑之间的矛盾；社会主要矛盾会受到社会基本矛盾的影响，并随之变化；而二者之间的关系直接影响着社会主要矛盾的解决方式。从实际操作来看，我国需要充分认识到"社会主义的本质，是解放生产力、发展生产力"，并坚持将解放和发展生产力作为一项根本任务，集中力量发展新质生产力，提升经济、科技和社会的发展水平，满足人民对美好生活的需要。

恩格尔系数是食品支出总额与个人消费支出总额两项数据的比值，能够反映人们的消费结构。1978—2023 年中国恩格尔系数走势如图 2-2 所示。据国家统计局发布的《中华人民共和国 2023 年国民经济和社会发展统计公报》，

2023 年全国居民恩格尔系数为 29.8%，其中城镇为 28.8%，农村为 32.4%。由此可见，我国的居民消费结构已脱离生产型资料的主导，进入以发展型、享受型资料为主导的时期。

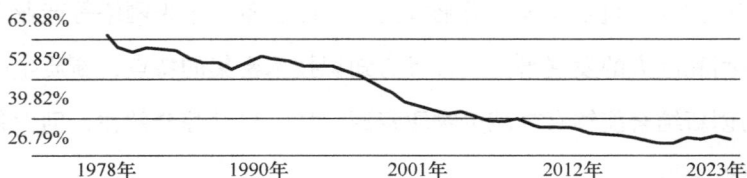

数据来源：中经数据。

图 2-2　1978—2023 年中国恩格尔系数走势

近年来，人民群众的需求日渐多元化，对便捷性、精准性、环保性和绿色化程度的要求越来越高。发展新质生产力有助于提高生产水平，积极推动产业转型，打造多样化、高效化的供给体系，为人民群众提供高质量的产品和服务。以 3D 打印技术发展和应用为例，先进的 3D 打印技术能够实现体验式生产、定制式生产和个性化生产，满足人们的个性化消费需求。

第 3 章

实现路径：
新质生产力的构建思路

01 宏观：构建新型全球治理体系

从国内经济形势来看，我国经济在进入内需驱动型阶段后产生了新的发展要求；从国际经济形势来看，国际竞争日趋激烈。此外，从科技和产业发展现状来看，世界范围的产业变革正在加速进行，新一轮科技革命呼之欲出。新质生产力正是我国深刻了解和洞察上述局势后提出的一项重要概念，发展新质生产力是应对当前局面的重要举措。

在发展新质生产力的过程中，应具备全方位的视野，着眼于全球治理、国际竞争、企业发展等多个层次，以改变生产力发展范式为基点，构建新型全球治理体系，形成新的国际竞争优势，创造新的企业价值。眼下，中国经济和社会都处在转型关键期，高质量发展是当前阶段的关键词，而新质生产力在理论和实践层面都对实现高质量发展具有重要的指导意义。要深刻领会和准确把握新质生产力提出的一些基本要求，从经济、政治、社会等多个层面入手，推动新质生产力的形成，促进新质生产力的发展，如图 3-1 所示。

（1）经济层面：以国内大循环为主体

我国主动融入经济全球化格局，积极参与国际分工，形成以外向型经济为主的经济发展模式。不过，近年来国际局势出现变动，有的国家实行贸易保护主义，奉行"本国优先"理念，逆全球化趋势开始显现。面对这样的形势，我国改变以出口为导向的经济发展策略，减弱对国际市场的依赖，在外部环境的急剧变动中保证发展的稳定性。此外，从内部来看，我国拥有庞大的人口基数和巨大的经济规模，本身就是一个应当充分加以利用的大市场。

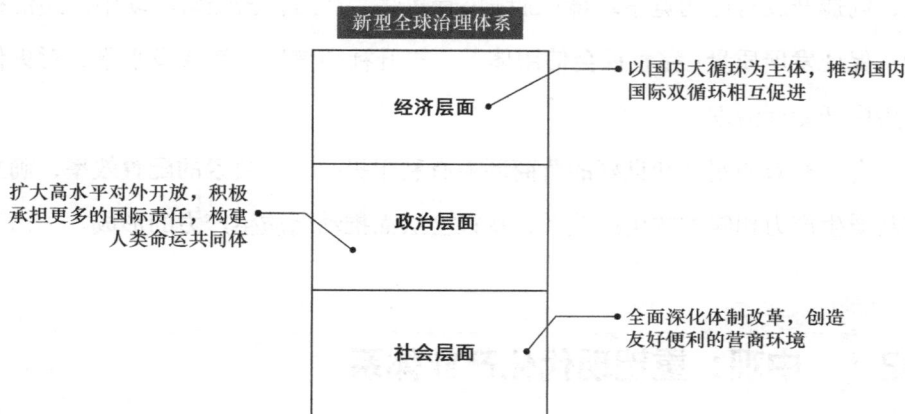

新型全球治理体系

经济层面 ——→ 以国内大循环为主体，推动国内国际双循环相互促进

扩大高水平对外开放，积极承担更多的国际责任，构建人类命运共同体 ——→ 政治层面

社会层面 ——→ 全面深化体制改革，创造友好便利的营商环境

图 3-1 新型全球治理体系的构建思路

加快构建以国内大循环为主体、国内国际双循环相互促进的新发展格局，是综合研判我国进入新发展阶段、国际国内发展环境和条件变化后作出的战略部署，是应对世界百年未有之大变局、重塑我国国际竞争新优势的战略抉择。构建新发展格局必须充分发挥我国经济的内部可循环优势，疏通生产、分配、流通、消费各环节中的堵点和难点，推动经济活动在国内各个环节、各个产业、各个部门和各个区域之间循环畅通与高效配置，有效提升我国经济实力。

（2）政治层面：扩大高水平对外开放

对外开放的扩大可以推动新质生产力向外扩散，开拓更大的全球市场，从而更好地利用全球范围内的先进生产要素，提升国内企业的国际影响力和竞争力。现阶段，我国坚持对外开放的基本国策，扩大高水平对外开放，积极承担更多的国际责任，构建人类命运共同体，在新型全球经济治理体系的建设中发挥积极引导作用。

（3）社会层面：全面深化体制改革

全面深化体制改革，创造友好便利的营商环境，为新质生产力的发展提供制度保障，为经济发展、科技创新和产业建设注入活力。具体措施包括：注重知识产权保护，提高企业创新和研发的积极性；倡导公平竞争，推进实施反垄断，创造开放有序的竞争环境；加强监管执法，严厉打击经营活动中的违法行为，保证发展质量；完善社会信用体系，提升社会信用体系建设水平，对失信行为展开专项治理。

合理有效的制度和良好的营商环境有利于提高生产要素的配置效率，确立与新质生产力相匹配的生产关系，从社会层面推动新质生产力的形成。

02 中观：重塑现代化产业体系

我国在科技领域已取得较大的成就和进展，科研能力持续增强，与此同时科技对产业的发展也起到越来越大的支撑作用，是产业转型升级和全要素生产率提升的重要驱动力。在产业建设的过程中，应具备全局性和整体性思维，形成现代化产业体系。现代性产业体系中既有新兴产业，也有传统产业，需要发挥头部企业的引领和带动作用，实现大中小型企业共同协作，以国内企业作为基本面，鼓励国外企业参与。现代化产业体系是一个产业集群，只有产业体系中的各组成部分各司其职、优势互补，才能创造出最大的发展效能。

新兴产业在现代化产业体系中居关键位置，创新是现代化产业体系建设和完善的重要驱动。因此，要重视科技创新，加大科技创新方面的投入，提高自主研发和创新能力，致力于攻关核心技术和关键技术。此外，要以科技创新引领产业创新，推动产业发展和建设，改变传统产业结构，在战略性新兴产业和未来产业领域取得优势。具体来说，重塑现代化产业体系可从以下3个方面入手。

（1）推动实体经济的数字化和智能化转型

二十届中央财经委员会第一次会议强调了实体经济的重要性："现代化产

业体系是现代化国家的物质技术基础，必须把发展经济的着力点放在实体经济上，为实现第二个百年奋斗目标提供坚强物质支撑。"

实体经济是国民经济的根本，是社会财富的源泉，对其他产业起到重要的带动作用。在当前的技术和经济格局下，数字化和智能化是实体经济发展的重要方向和动力，在现代化产业体系的建设中发挥关键作用。将大数据、人工智能、区块链、云平台、工业互联网等技术引入实体经济，能够重塑实体经济的生产流程和商业模式。

（2）坚持传统产业与新兴产业齐头并进

传统产业为现代化产业体系筑牢地基，是产业基础能力的重要决定因素。二十届中央财经委员会第一次会议强调："坚持推动传统产业转型升级，不能当成'低端产业'简单退出。"这句话中有两个要点，一是传统产业不等同于低端产业，这是对传统产业的定性；二是传统产业不能退出，而要转型升级，这指出了传统产业的发展方向。

因此，应以科技创新驱动传统产业的转型升级，推动传统产业的技术改造和设备更新，善于利用全球范围内的创新要素，从高端化、智能化、数字化、绿色化等方面入手，实现传统产业的转型，补足产业短板，维持和巩固优势产业的领先地位，形成新的竞争优势。打造传统产业和新兴产业齐头并进的格局，为现代化产业体系建设提供坚实基础。

（3）积极发展战略性新兴产业和未来产业

《中华人民共和国国民经济和社会发展第十四个五年规划和 2035 年远景目标纲要》（以下简称"十四五"规划）中产生了两个新的经济名词——"发展壮大战略性新兴产业"与"前瞻谋划未来产业"，这不仅明确了战略性新兴产业和未来产业在国民经济计划中的重要位置，也指出了两者所处的不同的发展阶段和对应的发展策略，即战略性新兴产业的发展已在进行之中，而未来产业仍处于前瞻和计划的阶段。

战略性新兴产业包括新一代信息技术、新能源、新材料、生物技术等产业。针对战略性新兴产业的发展，需要以前沿科技的创新成果驱动产业发展，投入充足的要素资源，建设高水平人才队伍，并且通过构建产业集群来实现各产业的融合与协同，完善产业链条，优化产业结构，形成产业优势。未来产业包括人形机器人、量子计算机、脑机接口、超大规模新型智算中心、第三代互联网等，这些产业尚处于萌芽期，应以前瞻性眼光超前布局，以取得先发优势，推动相关领域的研发创新，实行政策鼓励，从财政和金融上提供资金支持，在未来产业的发展上占据有利位置。

03 微观：实现企业高质量发展

企业是生产活动的主体，是生产力的主要运用者，因此在新质生产力的形成过程中，企业所处的位置十分关键。实现企业高质量发展主要从以下 3 个方面入手，如图 3-2 所示。

提升企业的自主创新能力　√强化基础研究　√加强应用研究

√借助数字技术　改变企业发展范式

结合"有为政府"和"有效市场"　√市场在资源配置中起到决定性作用　√政府发挥宏观调控作用

图 3-2 企业高质量发展的实现思路

（1）提升企业的自主创新能力

① 强化基础研究

在基础研究上，企业拥有其他研究主体不具备的一项优势，那就是企业会在实际效益的驱动下发现和解决科技问题。因此，强化基础研究，要发挥企业的主导作用。

高校、科研院所、产业联盟等也将在基础研究中扮演重要角色。各研究主体需要展开深入合作，实现资源共享，致力于新一代信息技术、新能源、新材料、生物技术等重点领域的基础研究，掌握关键核心技术，提高产业链的自主化程度。

② 加强应用研究

加强应用研究，推动基础研究成果的应用和转化，从应用研究中获取实际收益。在应用研究中，企业的主导地位更加突出，是科技创新应用中最主要的实现载体，它们会将科技创新成果落地为产品，满足市场实际需求。因此，应强调企业在应用研究中的主导地位，使企业吸纳更多地创新要素，为企业的应用研究创新提供有利条件。另外，需要发挥政府的作用，加强知识产权保护，提供创新成果转化的前提和保障，构建技术创业平台，提升创新成果转化率。

（2）改变企业发展范式

企业是产业发展的主导力量，要想提升全球范围内的产业竞争力，需要建设一批世界一流企业，它们具备一定的规模和体量，拥有强大的技术产品实力和品牌影响力，能够参与制定行业标准。

提高企业发展水平、打造世界一流企业，需要从改变企业发展范式入手，而大数据、云计算、机器学习、人工智能等技术在这个过程中发挥着关键作用。企业的数字化转型，需要借助数字技术提升企业的技术水平和创新能力，重构企业的商业模式，开拓应用场景和市场需求，为企业创造新的发展动能，形成企业的核心竞争力。

（3）结合"有为政府"和"有效市场"

推动新质生产力形成，要正确处理政府和市场间的关系。市场在我国资源配置中起到决定性作用，因此需要维护市场的地位和调节作用，实现充分竞争，提高资源配置效率。而市场经济也需要适应性调整，政府则要在适当的时间对经济实施宏观调节，引导市场方向。

企业在新质生产力的形成过程中发挥主导作用，因此政府要为企业营造良好的营商环境，坚持以市场为主体，完善法律法规，鼓励正当竞争，扩大对外开放和国际交流，为企业创造良好的市场氛围和竞争环境。在良性竞争的环境下，企业得以放开手脚，充分发挥自身的积极性和创造力，力争在竞争中获得优势，取得更显著的商业成就。优胜劣汰后，将形成一批掌握核心技术、具备核心竞争力的优秀企业。与此同时，政府应构建与新质生产力发展相适应的政策体系，采用合理的监管模式和管理体制，在新质生产力的形成和发展过程中履行好宏观调控的职能，将"有为政府"和"有效市场"相结合，为新质生产力的发展创造良好条件。

第二部分

科技创新篇

第 4 章

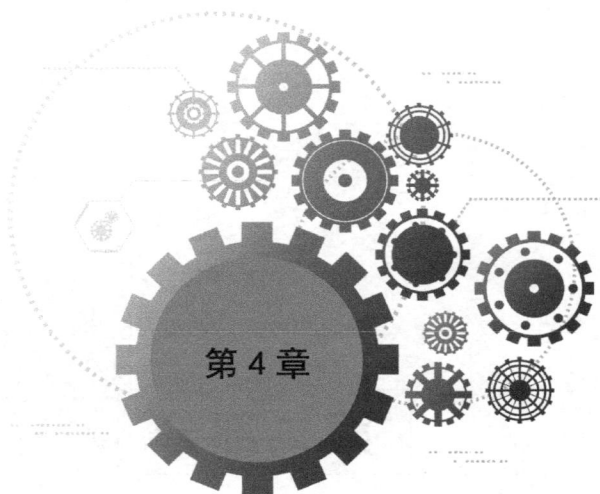

科技创新：
新质生产力的核心要素

01 科技强国：实现科技自立自强

　　近年来，以人工智能、大数据、物联网、区块链等技术为代表的数字技术实现了突飞猛进的发展，并广泛应用于经济发展的各个领域：一方面加速了科研范式变革的进程，带来了新一轮的科技革命；另一方面推动经济发展模式变革，带来了基于新技术的产业变革。我国应积极抓住机遇，不断加大科技发展力度，坚持创新，将"科技自立自强"纳入国家发展战略。

　　党的十八大以来，科技创新被置于国家发展全局的核心位置，政府出台了一系列扶持和激励政策推动我国科技创新事业的发展。近年来，我国的科技创新事业突飞猛进，创新能力提升较快，创新发展新动能加速聚集，为推动高质量发展提供了强大动力。根据国家统计局社会科技和文化产业统计司"中国创新指数研究"课题组对中国创新指数的统计，以 2015 年为基期（基数为100），2022 年中国创新指数为 155.7，创新环境指数、创新投入指数、创新产出指数和创新成效指数这 4 个分领域的指数分别为 160.4、146.7、187.5 和128.2，具体如表 4-1 及图 4-1 所示。

表 4-1　2015—2022 年中国创新指数情况

指数	2015年	2016年	2017年	2018年	2019年	2020年	2021年	2022年	2015年以来年均增长	2022年比2021年增长
中国创新指数	100	105.3	112.3	123.8	131.3	138.9	147.0	155.7	6.5%	5.9%
创新环境指数	100	103.9	109.9	123.1	132.4	138.9	151.8	160.4	7.0%	5.7%
创新投入指数	100	103.8	111.1	124.3	124.3	131.9	137.1	146.7	5.6%	7.0%
创新产出指数	100	108.4	117.5	150.3	150.3	161.2	171.6	187.5	9.4%	9.2%
创新成效指数	100	105.2	110.7	118.0	118.0	123.6	127.2	128.2	3.6%	0.7%

数据来源：国家统计局。

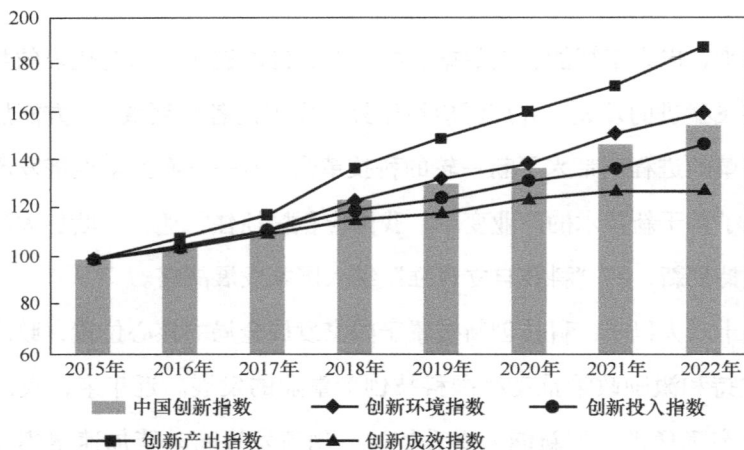

数据来源：国家统计局。

图 4-1　2015—2022 年中国创新指数及分领域指数

如今，我国经济逐渐从追求高速发展向追求高质量发展转变，而这一过程离不开现代化科技的支撑，因此，我国仍要加大力度推进科技自立自强，全面提升我国的综合实力。

（1）国家竞争力的核心是科技创新

近年来，全球经济呈现出明显的科技引领和驱动的趋势，即经济中心始终随着科技中心的变化而转移，经济发展的制高点和竞争力始终在先进科技所赋能的领域。

当前，全球各行业领域持续加强对各项信息技术的应用，促进了各行业领域的快速发展，催生了一批关键性和颠覆性技术，推动了新一轮科技革命和产业变革的蓬勃发展。在此背景下，学科、技术、自然、人文等领域的界限逐渐模糊，并呈现出大融合的趋势，推动着社会和国民经济的高质量发展，甚至推动着世界经济结构和竞争格局的重塑。

（2）高质量发展的关键是科技创新

在新发展理念的引导下，我国生产要素的相对优势发生了改变，数据日益成为一项重要的生产要素，同时，劳动力、资源环境等传统生产要素的生产能力达到瓶颈，其优势也逐渐减弱。因此，我国必须加大科技创新的力度，加快实现高水平科技的自立自强。

（3）实现科技自立自强是必然趋势

近年来，新一轮科技革命和产业变革持续深化，科技创新的广度、深度、速度和精度也随之提升，并成为驱动经济社会高质量发展的核心要素，是我国实现高水平科技自立自强的基础。各行业要保持对科技创新的重视力度，特别是高端制造和前沿科技领域，既要加大科技应用力度，推动科技创新；也要不断完善产业链，并基于科技打造自主可控的创新链，以在推动科技进步的同时，实现经济自主、安全地发展。

02　科技引领：加快形成新质生产力

从历史实践上来看，科技创新是革新生产力结构和提高生产效率的有效方法，与高质量发展、产业创新、生产力发展路径升级之间存在有机统一的关系，能够为优化升级生产力的发展路径提供支持。我国通过科技创新发展新技术和新兴产业，从整体上推动科技和生产能力进一步创新发展，从而提升综合国力，强化自身在国际竞争中的优势。

从理论上来看，新质生产力是我国经济社会实现高质量发展的关键，而创新是发展新质生产力的重点。在实际操作中，应充分发挥创新的主导作用，通过科技创新来推动生产要素创新性配置，引领产业深度转型升级，进而发展新质生产力，助力我国实现高质量发展。

（1）打造新质生产力的"主引擎"

劳动资料指的是劳动过程中所需的各项物质资料和物质条件。一般来说，创新劳动资料要素能够在一定程度上提升劳动生产率，从而为进一步发展生产力提供相应的支持。科技在生产过程中的应用与生产力要素的融合能够有效增强实际生产能力，推动生产力的升级和发展。

由此可见，科技创新具有优化劳动资料和推动新质生产力发展的作用。从实际操作上分析，我国应充分发挥自身优势，如市场规模大、应用场景多、产业体系完整度高、战略性新兴产业发展基础好等，积极推进场景驱动创新和通用人工智能升级，并把握这两项工作所带来的发展机会，推动科技和产业进一步发展，同时也要充分认识到科技创新的重要性，并将其作为发展新质生产力的关键。通过科技创新带动产业创新，对各项科技创新资源进行整合和利用，对科技创新体系进行优化和调整，为科技领域的先进企业的发展提供支持，进而提升自身的战略科技力量，全方位提升整个科技创新体系的效能。

（2）加快原创性和颠覆性技术创新

近年来，人工智能、类脑智能、生命科学等新技术不断进步，未来能源、数据要素等新要素也在飞速发展，传统的科技创新方式已经难以满足当前的创新发展需求，各种新场景、新产业和新模式层出不穷，产业正在向高端化、智能化、绿色化的方向发展，与此同时，全世界的产业链供应链格局和世界各国的发展优势都将发生变化。

我国需要改变战略思维，加大对原创性和颠覆性技术创新的重视程度，增强国家科技先导能力，并不断加强科技创新，通过研发和应用各项原创性和颠覆性技术为新质生产力的发展提供有力支持，进而获取新的发展动力。

（3）提升科技成果转化效能

产业创新和现代化产业体系是新质生产力发展的关键。目前，我国在科技成果转化方面仍旧存在许多未解决的难题，需要改变原本所使用的传统转化范式，借助场景驱动创新的新范式来探索新的发展路径，以新型工业化为中心展开制造强国、质量强国、网络强国、数字中国等战略任务，积极建设相关场景，从布局层面对科技创新和产业创新进行优化，提高二者在布局方面的科学性。

从实际操作上来看，为了推动新质生产力实现持续快速发展，我国应充分发挥场景的驱动作用，推动科技成果转化为新质生产力，并利用企业主导型科技成果来革新组织模式，同时优化创新生态，进一步提高科技成果的供给质量和转化效率，加强创新成果应用，借助各类新技术来解决产业和产业链发展方面的各项难题，并对传统产业进行升级改造，对新兴产业进行发展培育，对未来产业进行安排布局，对现代化产业体系进行优化完善。

03　绿色科技：推动形成绿色生产力

2024年1月31日，习近平总书记在中共中央政治局第十一次集体学习时指出："绿色发展是高质量发展的底色，新质生产力本身就是绿色生产力。"

绿色科技在新质生产力的培育和发展过程中发挥着十分重要的作用。我国需要充分发挥绿色科技创新的引领作用，积极革新经济发展方式，优化调整经济结构，加快动能转换，发展绿色生产力，减少碳排放和污染物排放，推动生产领域实现绿色低碳转型，为经济社会实现绿色高质量发展提供支撑。

信息技术、生物技术、新材料技术和新能源技术等技术的创新发展和应用，能够有效推动整个生产领域的群体性技术变革。在落实绿色低碳转型工作的过程中，需要加大绿色科技自主研发力度，推动绿色科技创新。一方面，加快推动传统产业向智能化、绿色化、高端化转型发展，优化产业结构，提高产业的科技含量，从质和量两个方面推动产业增长，提升传统产业的绿色化程度，减少资源消耗和环境污染；另一方面，大力发展绿色新兴产业，科学布局绿色未来产业，充分发挥科技创新的驱动作用，建立绿色低碳循环经济体系，支持先进绿色技术落地应用，利用各类绿色技术来发展绿色制造业、绿色服务业和绿色能源产业，助力产业和供应链向低碳化、绿色化的方向发展，推动绿色产业实现内涵式增长。

具体来说，我国应进一步革新生态环境科技体制机制，建立以市场为导向的绿色技术创新体系，以便根据市场优化绿色科技创新资源配置，同时也要推动"有为政府"和"有效市场"更好结合，促使二者在绿色经济发展过程中共同发力，并支持企业发挥自身的主导作用，推动产业、高校、科研机构相结合，共同构建绿色低碳产业创新中心，促进绿色环保技术创新发展，为经济社会提供更多新型的绿色环保产品。

04 战略规划：培育颠覆性科技创新

颠覆性科技创新为新质生产力的培育提供了支持，同时也为我国实现高质量发展提供了动力。具体来说，颠覆性科技创新具有前瞻性、复杂性和系统性的特点，能够革新技术体系的要素条件、组合方式、配置机制和发展模式，促进产品、业态和模式创新，提高生产力水平。加大对各个重大前沿领域的研究力度，组建相应的创新人才团队，并根据实际情况出台相应的政策文件，可为实现颠覆性科技创新提供强有力的支持。

（1）规划颠覆性科技创新路线

一般来说，发达国家在推进颠覆性科技创新的过程中大多以战略规划为引领，例如，《美国政府关键和新兴技术国家标准战略》中强调了量子技术在加强美国创新生态系统和全球竞争力方面的作用，大力推进各项颠覆性技术的创新研究工作；德国发布《未来研究与创新战略》，对未来的科技创新发展进行规划。

由此可见，国家战略规划在颠覆性科技创新发展过程中发挥引领作用。为了推动颠覆性科技创新发展，我国需要为建设世界科技强国作出系统部署，深度把握中国式现代化战略需求和颠覆性科技创新发展的重点任务，明确颠覆性科技创新的战略目标和总体要求，并在此基础上制定相应的行动计划。

（2）建设颠覆性科技创新平台

除战略规划外，为了推动颠覆性科技创新发展，美国和日本等国家还建立了颠覆性科技创新平台。例如，美国国防部高级研究计划局建立了多个颠覆性科技创新平台，为高新科技研发工作提供支持；日本将颠覆性技术纳入国家战略，并推出颠覆性技术创新计划——"ImPACT"，为各项高风险、高冲击性的研发活动提供资金和技术支持，借助颠覆性科技创新来转变产业生产、经济增长和社会发展的模式。

为了推动颠覆性科技创新发展，我国已经建立起众多用于技术创新与试验验证的国家实验室，并培养和吸纳了许多科技人才，开发和应用了大量先进的科研设备。在平台建设方面，我国需要进一步提升国家创新体系的成熟度，并在此基础上优化科技资源整合机制，集成各个相关研发机构的资源，优化调整科研机构的管理模式，打造跨学科、机制灵活度高、自由度高的国家颠覆性科技创新平台。

（3）打造颠覆性科技创新体系

整体科技水平的提高可以看作颠覆性科技创新发展的有利因素。我国多个地区已经展开颠覆性科技创新实践工作，积极推进科技创新，力图占据更大的发展优势，牢牢抓住新质生产力发展所带来的机遇。率先发展颠覆性技术的地区既可以在一定程度上获得先发优势，也可以为其他地区的发展提供一定的经验。目前，上海市已建立颠覆性技术创新中心，用于孵化各项具有颠覆性潜力的项目和推进颠覆性技术创新工作；广州市也已建立颠覆性技术创新中心，并不断加大对原创性技术的开发和应用，大力推动颠覆性技术创新项目落地。

为了实现颠覆性科技创新，中央和地方需要协同作用，共同推进技术的研发和创新工作。具体来说，我国应在政策层面为地方推动颠覆性科技创新提供支持，提高各项相关行动的组织性、计划性和协同性，并根据地方特色制订相应的颠覆性科技创新计划，充分发挥中央和地方的科技优势，构建二者互相协同的颠覆性科技创新体系。

第 5 章

实践路径：
科技创新的思路与措施

01 / 推动基础研究与应用研究融合

（1）基础研究是科技创新的源头

基础研究通常是指为了获得关于现象和可观察事实的基本原理的新知识（揭示客观事物的本质、运动规律，获得新发现、新学说）而进行的实验性或理论性研究，它不以任何专门或特定的应用或使用为目的。根据过往经验，当基础研究出现突破性进展时，重大科学发现、技术发明等原始创新也会随之出现，这意味着科技创新将实现新的突破，显著提升一个国家的生产力和综合实力。因此，我国要先做好基础研究，在遵循科学发展规律的前提下深入钻研，不断抽象汇总形成新的理论体系。

"十四五"规划强调了国家战略科技力量的重要性，并指出要持续加大资金、人才和资源投入，搭建重大科技创新平台，优化战略性资源空间布局，持续加强基础研究，强化国家战略科技力量。国家战略科技力量始终围绕国家意志和发展目标，立足于解决国家发展、国家安全、国计民生等根本性问题来全面提升我国的科技创新能力。强大的国家战略科技力量不仅能够支撑国家创新体系的发展，而且是基础研究的主体，同时也是国家竞争实力的象征。

国家实验室是面向国际科技竞争的创新基础平台，国家实验室的建设和发展水平在一定程度上决定着一个国家的国际竞争地位。我国应加强国家实验室的建设，以支撑国家科技创新事业的发展，从而全面实现高水平科技的自立自强。一方面，出台相关激励政策，引导地方政府和行业部门贡献自身力量，并加强与高校、科研院所等的合作，积极建设高水平的国家实验室，在建设过程中不断改进和完善相应的管理体系、公益目标、组建规模等，最大程度地发挥地方政府和行业部门的优势和作用；另一方面，积极建设高水平的科学装置和公共实验研究平台，加强平台管理，推动平台共享，以支撑关键核心技术的研究，持续提升科技实验人员的待遇和地位，吸引人才入驻，为创建高水平的公共实验研究平台提供人才支撑。

（2）以应用研究推动产业向中高端迈进

应用研究是在创新链中起到枢纽作用的关键环节，其能够明确基础研究成果的用途，并推动基础研究成果转化，将理论成果转化为解决实际问题的手段，发挥研究成果的价值，从而推动产业向中高端迈进。在追求高水平科技自立自强的过程中，基础研究和应用研究相辅相成，缺一不可。

应用研究是指为获得新知识而开展的创造性研究，其目的主要是明确基础研究成果可能的用途，加强并深化应用研究也是一项至关重要的任务。只有推动基础研究与应用研究的深度融合，才能真正推动国家科技创新事业的发展，才能全面实现高水平科技的自立自强。为此，一方面，研究人员要始终立足于科学高效解决问题的研究使命，积极开展规范化、精细化的调查研究，不断探索相关现象的发展规律，推动规范研究与实证研究融合，最终得到适合我国发展的研究成果；另一方面，研究人员要注意遵循社会科学应用研究的发展规律，始终坚持实事求是的原则，积极开展科学的原创性、创新性研究。

现阶段，我国正处于全面建设社会主义现代化国家的新发展阶段，在应用研究领域也要不断强化创新意识，搭建以创新性为主要指标的研究成果评价体系，同时提升洞察能力，及时发现新的实践问题，并积极开展原创性和创新性研究，最终推动产业向中高端迈进。

目前，我国基础研究和应用研究领域正在稳步发展，并在很多关键性研究领域取得了非常可观的成绩，例如，制造业的智能化发展水平大幅提升，高科技产品出口领域实现了突破性进展。根据中国海关提供的统计数据，2023年，我国高新技术产品出口总额达8425.4223亿美元。2016—2023年中国高新技术产品出口金额如图5-1所示。可以看出，与2021年和2022年相比，2023年中国的高新技术产品出口金额明显下滑，这主要是全球经济的不确定性增加、国际市场的需求减少和国际竞争加剧等因素导致的，但这同时也为我国经济的转型升级提供了契机。高新技术产品市场的发展，一方面显著增强了我国的综合国际实力和国际竞争力，另一方面标志着我国科技整体水平实现了跨越式提升。在新一轮科技革命和产业变革加速深化的背景下，我国实现高水平科技自立自强指日可待。

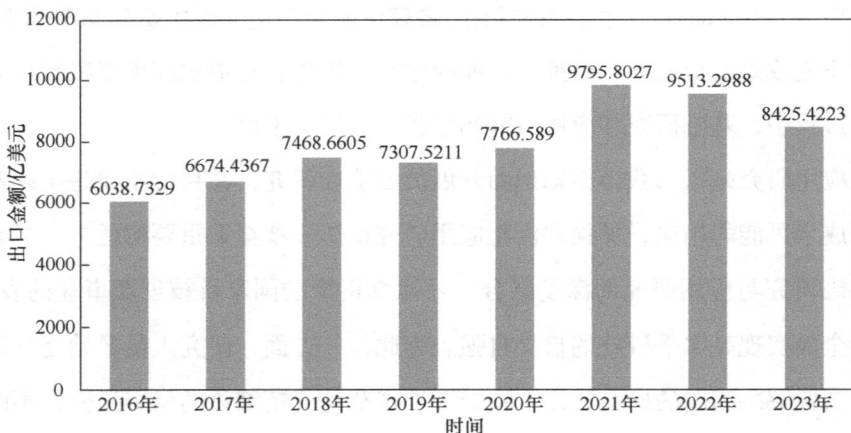

数据来源：中国海关。

图 5-1　2016—2023 年中国高新技术产品出口金额

02　实现关键核心技术自主可控

党的二十大报告提出，以国家战略需求为导向，集聚力量进行原创性引领性科技攻关，坚决打赢关键核心技术攻坚战。

我国要实现持续发展核心技术，就必须将科技创新作为现阶段的首要任务，并结合我国的国情，不断提升自主创新能力，自主研发关键核心技术，掌握技术创新和发展的主动权。从外部环境分析，世界各国越来越重视科技创新，国际竞争的重心逐渐向科技创新偏移。从内部要求分析，无论是"双碳"目标还是数字化发展战略，都离不开关键核心技术的支撑，这对加快科技创新提出了更迫切的要求。

当今世界经济格局不断变化，复杂程度不断提升，为适应全球经济的发展，我国正在加快建设现代化经济体系，提升经济发展的质量和效率，在这个过程中，关键生产要素发生了变化，生产要素的组合方式也随之改变，经济发展的硬性约束条件也会显著增多，唯有加快关键核心技术的研发和应用，才能健全现代化经济体系，从而提升经济发展的质量和效率。

可以说，自主可控的关键核心技术是推动经济高质量发展、全方位改善民生的动力源泉。目前，我国高铁、新能源等多个领域的关键技术已经显现巨大的创造潜力，并且正在不断推动产业结构的变革，深刻影响着国民经济的发展。未来，各类前沿技术将持续发挥其巨大的潜能，改变传统低效且不平衡的供需结构，推动国民经济实现高质量发展。

03　深化科技创新体制机制改革

党的二十大报告提出，深化科技体制改革，深化科技评价改革，加大多元化科技投入，加强知识产权法治保障，形成支持全面创新的基础制度。

在当今这个持续变化的时代，任何领域都需要不断地变革和创新。在科技领域，我们要变革传统的科技体制机制，突破传统体制机制的束缚，充分发挥科技潜能，这样才能加快科技创新的步伐，为实现科技自立自强奠定基础。

党的十八大以来，我国持续加大对科技创新的重视力度，并将其作为一项推动国家经济社会发展的重要工作，经过各方的共同努力，我国的科技创新事业取得了一系列重大进展，主要表现在以下 4 个方面，详见表 5-1。

表 5-1　我国科技创新事业取得的重大进展

维度	主要内容
人才培养机制	不断健全和完善科技型人才培养和应用机制、人才评价与激励机制、人才引进体制
科研创新机制	科技计划持续迭代，科研经费管理模式变革，大幅降低科研人员的压力，同时不断完善科技创新生态发展
国家实验体系	中国特色国家实验体系建设进程持续加快，催生出一批具有国际竞争力的创新型企业
国家创新体系	国家创新体系逐步健全，相关的扶持、激励和保护政策逐步完善，营造了良好的科技创新环境

这些成果都标志着我国科技创新事业逐渐走向成熟，为全面实现高水平科技自立自强、推动国民经济高质量发展、提升和巩固国家综合实力提供了强有力的保障。

尽管如此，我国的科技创新仍存在原创性科技创新方面不足；科技成果难以向应用充分转化，科技成果产业化、市场化能力不足；科技创新资源配置不合理等问题。

为此，应充分了解科技创新的本质和诉求，深化科技创新体制机制改革，推动科研组织模式创新，从根本上破解这些难题，最终实现高水平科技自立自强的战略目标。深化科技创新体制机制改革的主要切入点如下。

（1）加快政府职能转变

转变自身的科技管理职能，对科技创新资源进行全面整合和统筹规划，同时降低传统科研机制体制对科研机构和科研人员的管控和约束，赋予科研机构和科研人员更多的自主权，让科研机构有权自主决定科技创新方向，让科研人员有权自主配置科研经费，充分激发科研人员的主观能动性，从而推动科技创新事业高效发展。

（2）持续推动制度创新

始终立足于解决科技创新的难点问题，围绕经济发展对科技创新的需求，结合我国的科技发展实力和未来愿景，不断出台相关激励和保护政策，营造科技创新的良好环境，优化科技创新的资源配置机制，变革科研组织模式，去除传统模式下烦琐的决策流程，提高科研工作效率，推动制度完善和创新，为科技创新提供基础。此外，还要加强实践，将科技创新落到实处，并在实践中不断总结经验，优化科技创新决策，最终提升国家创新体系的整体效能。

（3）发挥创新主体作用

在科技理论付诸实践的过程中，高校和企业这两个创新主体发挥着引领和示范作用。应充分发挥企业和高校的作用，推动科技创新理论落地。

企业是推动创新创造的主导力量。以企业为核心，围绕市场需求，构建新时代的技术创新体系。发挥企业的集成作用和平台优势，促进产学研深度融合，实现企业主导的科技创新，反哺企业发展，推动经济高质量发展，创造科技和企业共赢的局面。

高校是基础研究主力军和重大科技突破策源地。一方面引导高校加大高新技术人才的培养力度，为我国科技创新事业的发展打造坚实的后盾；另一方面推动高校发挥基础研究主力军和科技突破策源地的功能，围绕国家科技战略需求，不断变革科研范式和组织模式，同时加快整合校内外科技创新资源，实现关键核心技术攻关，推动科研成果转化，实现科技创新事业高质量发展。

（4）不断完善评价体系

科技评价体系也是科技体制的重要组成部分，科学、完善的科技评价体系能够帮助政府与创新主体明确科技创新发展的成效和对经济社会发展的实际贡献，进一步优化科技创新发展策略，加快实现高水平科技自立自强的进程。可从质量、绩效、贡献等多个维度进行综合考虑，优化和完善基础研究评价体系。

在项目评价方面，明确项目类型，根据科研项目的规律分别制定并完善合适的评价制度，创建非共识科技项目评价机制。

在人才评价方面，打破传统人才评价机制下不合理的条框限制，变革传统"唯论文、唯职称、唯学历、唯奖项"的人才评价机制，并增加科学精神、学术道德等评价要素，创建新时代下以创新价值、能力、贡献为导向的新型科技人才评价机制。

此外，政府也要积极引导社会舆论，增强人们尊重科学、崇尚创新的意识，给予科技创新人员足够的支持和包容；加强科技创新统筹协调作用，打通科技创新涉及的各个领域和部门之间的连接，强化各领域之间、各部门之间的信息交换和科研交流，实现各创新主体、各创新领域和科技创新各环节之间的高效协同，保障科技创新事业高效、健康发展。

04 加强科技创新人才队伍建设

在科技创新领域，人才是最积极、最活跃的要素，也是引领科技创新最根本的要素，精益的人才队伍是科技创新事业顺利开展的基本保障。加强科技创新人才队伍建设的主要切入点如下。

（1）推动人才梯队建设

结合我国教育事业的发展现状和人才培养、利用和发展的客观规律，围绕人才的实际需求构建种类齐全、结构科学、梯次完备的人才队伍，使人才的内在潜能得到充分发挥，为科技创新事业提供保障。

（2）建设一流人才中心

纵观古今，科技和人才流动呈现一定的规律，即总是会流向文明程度高、创新最活跃且具有广阔发展前景的地区。可结合这一规律，从长远发展的角度变革我国科技创新事业的顶层设计和战略布局，同时加快发展经济，提升社会文明程度，打造国际一流的创新平台，建设一流的人才中心，吸引海内外优秀人才前来立足扎根，从而完成世界重要人才中心的建设，形成创新人才集聚优势和创新人才高地，提升我国的竞争力。

（3）激发创新人才活力

无论是人才队伍建设还是人才聚集中心建设，最终目的都是发挥人才的创造性和主观能动性，为科技创新事业做贡献。因此，我国一方面要面向国家战略目标和世界科技前沿，出台一系列长期稳定的人才培养和评价政策，不断扩大我国科技人才队伍规模，提升科技人才队伍质量；另一方面要构建创新激励体制机制，赋予科技人才更多的自主权，激发科技人才的创新活力。

此外，在科技人才队伍的建设中，还要不断培养和提升科技人才的大局意识、使命感和责任感，鼓励资深科技人才主动承担起开发和引导新人的责任，建立和培养可持续的人才梯队，形成源源不断的人才供给系统，提升科技人才队伍的科研能力、科研素养和协同能力。

第 6 章

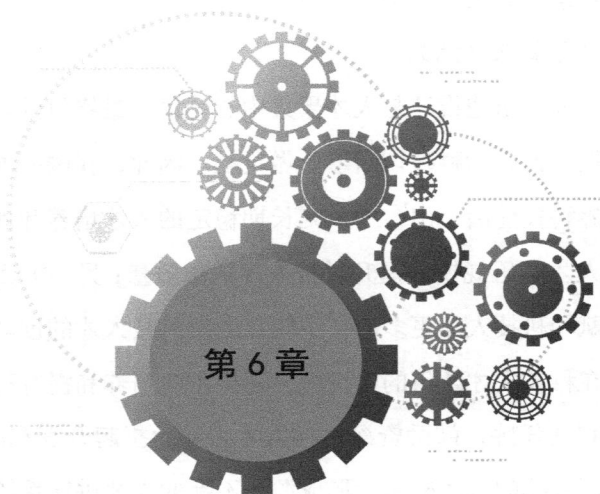

专精特新：
中小企业科技创新之路

01 专精特新：概念、内涵及发展现状

　　2022 年 6 月，工业和信息化部印发《优质中小企业梯度培育管理暂行办法》，该文件指出"优质中小企业是指在产品、技术、管理、模式等方面创新能力强、专注细分市场、成长性好的中小企业，由创新型中小企业、专精特新中小企业和专精特新'小巨人'企业 3 个层次组成"。

　　推进优质中小企业梯度培育管理工作有助于加快创新、促进就业、改善民生，并革新发展格局，助力产业高质量发展，推动供给侧结构性改革。截至《优质中小企业梯度培育管理暂行办法》印发之时，我国的优质中小企业梯度培育格局如图 6-1 所示。

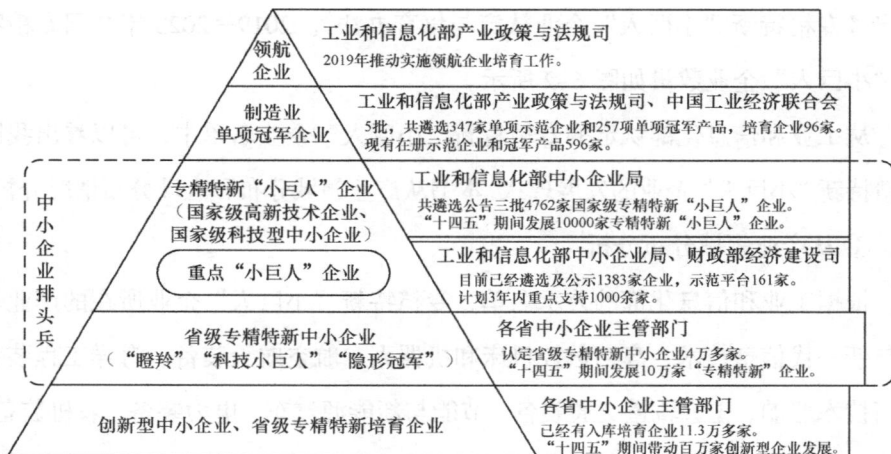

图 6-1　我国的优质中小企业梯度培育格局

053

（1）专精特新的概念与内涵

专精特新指的是专业化、精细化、特色化和新颖化，详见表 6-1。

表 6-1　专精特新的概念

维度	内涵	具体分析
专	制造工艺、制造技术、产品都具备极高的专业化特点	制造工艺要专业化，制造技术要具备专有性，产品要具备专门的用途，并在细分市场中具备专业化的优势。通过专项技术和专业化的制造工艺来制造专用性强、市场专业性强的产品
精	制造工艺、产品、企业管理都具备精深细致的特点	制造工艺要精益求精，产品要精致、高质，管理模式要精细化。通过先进、精致、高超的制造技术和工艺，设计生产精致优良的产品，同时实现产品全生命周期的精细化管理
特	制造技术、制造工艺、原料配方、产品、服务都具备特色化的特点	通过独特的制造工艺和技术，对特殊原料进行加工制造，最终得到具备特殊功能的产品，或为人们提供独特体验感的服务
新	制造技术、制造工艺、产品都具有较强的创新性和先进性特点	制造技术和工艺要新颖，产品要具备创新性，并且具备自主知识产权，要能够带来新的经济增长点。借助先进的制造技术和工艺，通过自主创新、联合创新、科技成果转化等手段制造先进的高新技术产品

（2）我国专精特新"小巨人"企业的发展现状

专精特新"小巨人"企业是优质中小企业的典型代表。2019 年，工业和信息化部启动专精特新"小巨人"企业的遴选培育，后又于 2022 年 1 月 24 日提出《专精特新"小巨人"企业认定与培育办法》。2019—2023 年全国专精特新"小巨人"企业数量如图 6-2 所示。

从工业和信息化部认定的专精特新"小巨人"企业名单中，可以看出我国专精特新"小巨人"企业的发展现状，本书从产业领域分布和区域分布情况分析。

① 从产业领域分布分析

根据工业和信息化部的公示名单，专精特新"小巨人"企业所在的产业领域与新一代信息技术、高档数控机床和机器人、航空航天装备、海洋工程装备及高技术船舶、先进轨道交通装备、节能与新能源汽车、电力装备、农机装备、生物医药及高性能医疗器械、新材料这十大产业领域高度重合，十大重点产业

领域企业占比约达到八成，这些企业集中分布在制造业，但从比例上来看，制
造业的专精特新"小巨人"企业占比于近两年已呈现下降的趋势，而新材料、
新一代信息技术等领域的入选企业数量占比在逐渐上升。

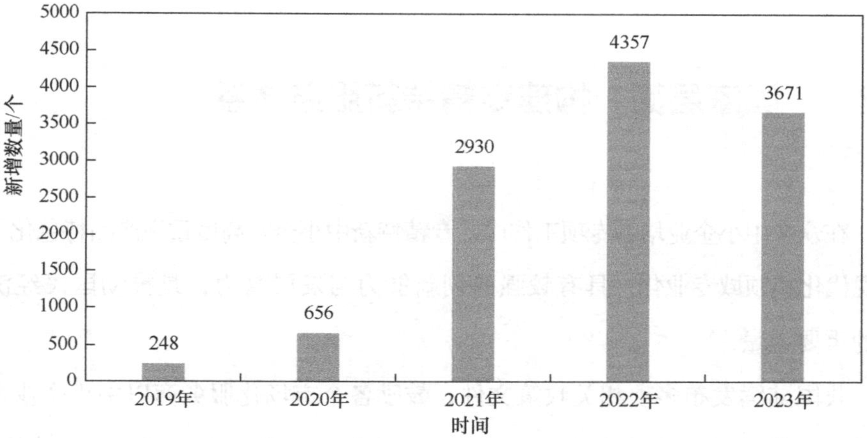

数据来源：工业和信息化部。

图6-2　2019—2023年全国专精特新"小巨人"企业数量

② 从区域分布情况分析

专精特新"小巨人"企业大多集中在经济较为发达的东部地区，总体呈现
东强西弱、阶梯递减的特征。东部地区是我国经济持续增长的核心区和增长极，
拥有较为庞大的专精特新"小巨人"企业数量规模和较为强劲的专精特新"小
巨人"企业培育实力。

具体来说，在专精特新"小巨人"企业培育方面，东部地区处于引领和核
心位置，是专精特新"小巨人"企业的聚集地，也是我国推动经济快速发展、
增强中小企业自主创新能力的重要地区，其中，浙江、江苏、北京等地积极带
动专精特新"小巨人"企业发展，从数量规模和所占比例方面均处于全国前列；
中部地区是专精特新"小巨人"企业培育和发展的第二梯队，在政策的扶持下
稳定发展，通过大力培育专精特新"小巨人"企业来推动经济快速发展，其中，
湖北、重庆等地积极带动中部地区中小企业创新发展，不断加快推进专精特新

"小巨人"企业培育工作；东北地区是我国的老工业基地，但由于在新旧动能转换等方面存在不足之处，难以充分发挥自身在制造业领域的发展优势，因此专精特新"小巨人"企业的获批数量较少。

02 ▷ 国家层面：构建专精特新服务体系

在众多中小企业培育专项工作中，专精特新中小企业高度重视产品特色化、管理现代化和领域专业化，具有较强的创新能力与发展潜力，是推动国民经济发展的重要力量。

我国陆续发布多项相关政策文件，鼓励各个市场化服务商以中小企业在各个发展阶段的不同需求为核心建设中小企业服务体系，并从资金、人才培育、协同创新、品牌市场、企业转型、精准对接6个方面为中小企业的发展提供支持，力求培养创新能力强、专注细分市场、成长性好的中小企业。

2021年12月，工业和信息化部、国家发展和改革委员会、科学技术部、财政部等多个部门联合发布《"十四五"促进中小企业发展规划》，大力推动中小企业向专精特新方向发展，不断提升中小企业的创新能力和专业能力。专精特新中小企业的规模必须符合国家《中小企业划型标准规定》，这些企业多为中高端产业领域的企业，包括新能源、新材料、高端装备制造、生物医药、新一代信息技术等领域，具备先进的科技和设备工艺，拥有先进且完善的管理体系，市场地位高，竞争实力强，发展前景广阔。

在政府部门的引导和扶持下，科研院所、金融机构、行业内的领先企业，以及各个专业化服务商协同作用，共同打造多元化的专精特新中小企业服务生态，为中小企业的持续健康发展提供良好的环境。

我国主要采取两项措施来支持中小企业的发展和服务生态的构建。在资金和资源层面，以补贴、奖励等方式为中小企业提供支持；在政策层面，以完善相关政策、建设精准对接服务平台等方式为中小企业提供支持，利用机构补贴、研发补贴、风险共担和购买服务等手段推动各个机构在中小企业发展中发挥作用，从人才、技术、资金、市场等多个方面入手解决中小企业在发展过程中的后顾之忧。

科研院所可以根据中小企业的需求，通过项目合作和平台共建等方式与其达成人才、技术等方面的合作。

金融机构能够为处于各个发展时期的中小企业分别提供具有针对性的科技金融服务，充分满足中小企业在各个时期的发展需求。

行业内的领先企业大多通过搭建工业互联网平台的方式促进供应链协同，进而推动中小企业实现创新发展。

专业化服务商主要通过两种方式来推动中小企业高质量发展：一方面，专业化服务商可以向中小企业提供数字化、绿色化和创新创业等多种服务；另一方面，专业化服务商与科研院所、行业内的领先企业协同作用，推动中小企业与其他组织机构进行合作，从而共同打造适合中小企业发展的服务生态。

03 地方层面：培育专精特新产业生态

为推动中小企业高质量发展，我国各地方政府陆续发布相关政策文件来支持中小企业的发展。具体来看，目前已经颁布的诸多相关政策文件中，大多数支持政策能够为中小企业的发展提供资金、人才培育和精准对接方面的支持，而只有极少数政策涉及协同创新、企业转型、品牌市场方面，从各项政策的支持对象上来看，地方政府颁布的相关政策大多针对制造业企业和科技型企业。

（1）资金

在资金层面，以政府部门和金融机构为主的各个组织部门为中小企业的发展提供了较大的支持。具体来说，地方政府主要通过设立发展基金、实施融资政策、强化供需对接、推行金融产品创新引导政策等方式实现对中小企业的资金支持；各个金融机构主要通过提供专属的信贷产品、保险产品和增值服务等相关产品和服务的方式支持中小企业发展。

由于中小企业实现高质量发展的过程中对资金有着较高的需求，因此各地方政府十分重视对中小企业融资渠道的拓宽工作，积极丰富融资渠道，力求为中小企业提供更加多元化的融资渠道。

（2）协同创新

各地方政府大多从提升中小企业的创新能力、强化各个企业之间的协同合作，以及推动产学研合作3个方面入手来促进产业链和创新链融合，进而助力中小企业协同创新。除此之外，各地方政府还大力支持各类科技服务机构参与各个企业和科研院所的创新工作，为当地的中小企业、大企业和科研院所等组织机构的创新发展提供专业化服务。

各地方政府积极推动大中小企业融通发展，打造大中小企业协同发展的生态。鼓励大企业与中小企业共享数据和资源，让大企业能够充分发挥自身的引领作用，从而助力中小企业实现专精特新发展。

2022年5月，工业和信息化部会同国家发展和改革委员会、科学技术部等十一部门联合印发《关于开展"携手行动"促进大中小企业融通创新（2022—2025年）的通知》，该文件明确提出：推动大企业、中小企业联合科研院所、高校等组建一批大中小企业融通、产学研用协同的创新联合体，鼓励承接科技重大项目，加强共性技术研发；推动各地依托大企业技术专家、高校院所教授学者等建立融通创新技术专家咨询委员会，面向中小企业开展技术咨询、指导等活动；在"创客中国"中小企业创新创业大赛设立赛道赛，通过大企业"发榜"、中小企业"揭榜"，促进大中小企业加强创新合作。

（3）企业转型

政府部门和市场化服务商是推动中小企业实现数字化、绿色化转型的关键。具体来说，政府部门可以为中小企业的转型提供政策扶持和资金支持，减少中小企业在转型时的成本支出，增强中小企业实施转型的主观意愿；市场化服务商能够为中小企业提供专业化服务，进而加快中小企业的转型速度，提高中小企业的转型质量。

（4）人才培育

在政府部门的支持下，高校、企业和人力资源服务机构等组织机构可以进一步加强人才培育和人才引进工作，从而为中小企业的发展提供更多人力资源、专业服务、市场渠道、实习实训资源等各类资源，进一步打牢人才基础，让中小企业能够通过人才引进和培养来为自身的发展赋能。

（5）品牌市场

地方政府通常从两个方面入手来帮助中小企业扩大市场。具体来说，一方面，地方政府会加大采购力度，拓宽市场，推动企业持续巩固 G（Government，政府）端业务市场；另一方面，地方政府会针对中小企业研发的创新产品和服务内容设计产品推荐目录，并开展相关展览推荐活动，同时与具有推广宣传经验的大企业和专业机构合作，加大对创新产品和服务的宣传力度，实现高效宣传，进而帮助企业进一步扩大 B（Business，企业）端和 C（Consumer，客户）端市场。通过这两个方面的共同作用，为中小企业产品市场拓展提供平台支持，为中小企业扩大市场规模提供资源和渠道。

（6）精准对接

地方政府主要从 3 个方面向中小企业提供精准对接服务。具体来说，一是利用直播和论坛活动等方式宣传专精特新中小企业典型案例。二是针对每个专精特新中小企业的实际情况为其制作个性化的专属企业档案，进而实现"一企一策"。三是加快建设中小企业公共服务平台，并利用该平台连通当地的各个小微双创基地，同时，鼓励市场化服务商在该平台中为专精特新中小企业提供专属产品或专属服务。

04 对策建议：赋能企业专精特新之路

对中小企业来说，专精特新是其实现高质量发展的重要环节，也是"聚焦战略"和"差异化战略"融合的产物。近年来，我国陆续发布多项相关政策推动中小企业转型升级，助力中小企业高质量发展。

在互联网发展初期，我国大部分企业参考腾讯和阿里巴巴的发展模式来搭建自身所处行业的垂直专业平台，但这种发展模式并不适用于中小企业。企业搭建平台需要投入大量的资金和资源，对绝大多数中小企业来说是一条较为困难的发展道路。相比之下，专精特新发展模式具有难度低、成功率高、政策支持力度大等优势，中小企业应及时把握发展时机，充分利用政策优势，快速向专精特新转型。

政府部门对中小企业发展的支持维度如图 6-3 所示。

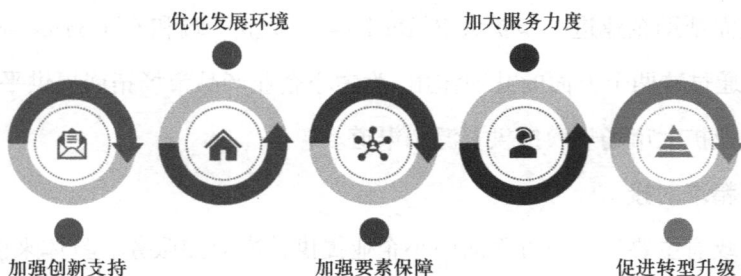

优化发展环境　　　　加大服务力度

加强创新支持　　　　加强要素保障　　　　促进转型升级

图 6-3　政府部门对中小企业发展的支持维度

（1）加强创新支持

充分发挥自身的引导作用，大力支持中小企业创新发展。一是积极构建国家制造业创新中心等创新平台，出台相关政策文件来完善优质中小企业梯度培育体系，并以各个创新平台为支撑助力大中小企业协同创新，通过组织开展工业互联网平台赋能深度行、智能制造进园区等活动，为中小企业实现数字化提供强有力的支撑。二是支持国家级工业设计中心和国家工业设计研究院等工业设计服务机构与中小企业展开合作，助力中小企业加强产业关键技术和核心环节专利申请，引导大中小企业协同作用，进一步完善产业链专利布局，优化升级国际知识产权风险预警机制，建立健全企业发展风险预警机制。

（2）优化发展环境

在政策层面，不断加快相关财税扶持政策的落地实施速度，为推动"中小企业专精特新新发展"中小企业发展设立专项资金，地方政府可根据经济发展情况和经济环境变化等出台相关政策，采取具有降低转型成本、减轻转型压力、加大支持力度、稳定企业就业等作用的补贴措施，并利用大数据为中小企业提供更加精准的税费服务，通过各种适合中小企业发展的创新政策扶持和培育中小企业的快速发展。

在市场层面，充分利用各个展会和平台来帮助中小企业扩大国内市场和国际市场，并通过加大采购力度等方式提高市场需求，鼓励大企业对外公布关于产品和服务的采购计划，支持中小企业参考大企业的采购计划安排生产和建立自己的品牌，形成市场需求与市场供给相互匹配和共同促进的局面，同时，加大我国企业跨境出海的支持力度，提高跨境电商在海外市场的宣传力度，对海外仓网络、海外市场布局升级。

（3）加强要素保障

持续加强对专精特新中小企业的信贷支持，引导银行等金融机构扩大信贷投放的规模，增加中小微企业首贷、信用贷、续贷和中长期贷款等，同时利用各种新技术创新金融服务模式，突破体制机制方面的瓶颈，加快新三板改革的步伐。

不断完善针对中小企业的信用信息归集、共享、查询、公开机制，培育和弘扬企业家精神，为专精特新中小企业营造良好的发展环境，同时优化针对中小企业的职称申报兜底机制，优化人才引进和培养机制，加强企业人才队伍建设。

（4）加大服务力度

充分发挥自身与协会、商会、学会等组织之间的协同作用，促进政府公共服务、市场化服务、社会化公益服务之间的融合发展。建立志愿服务团队，运用数字技术革新服务模式，完善服务体系，让服务更加便捷、高效，并契合企业快速发展的需求。

加快构建全国中小企业公共服务一体化平台的步伐，通过将各类服务应用集中到移动端平台，为中小企业提供"一站式"服务，以充分满足企业需求，真正实现便民利民。

（5）促进转型升级

进一步推动中小企业向专精特新转型，不断提高中小企业的绿色发展能力，通过出台相关政策引导中小企业加快革新绿色技术、研发绿色产品和建设绿色工厂的步伐，并为中小企业提供节能诊断服务。

优化针对中小企业的项目环评管理工作，减少项目环评的数量、类别，以及现场执法检查的频次，助力中小企业提高自身产品的质量和管理能力，完善质量基础设施服务模式，通过"一站式"服务提高服务效能，并建立由专家组成的技术帮扶小组为中小企业提供技术帮扶服务。

不断完善中小企业管理咨询库，为中小企业提供管理咨询服务，同时在线上和线下举办法律培训活动，针对企业国际化经营组织开展合规风险排查活动，并生成详细的评估报告，为中小企业的合规经营提供便利。

第三部分

数实融合篇

第 7 章

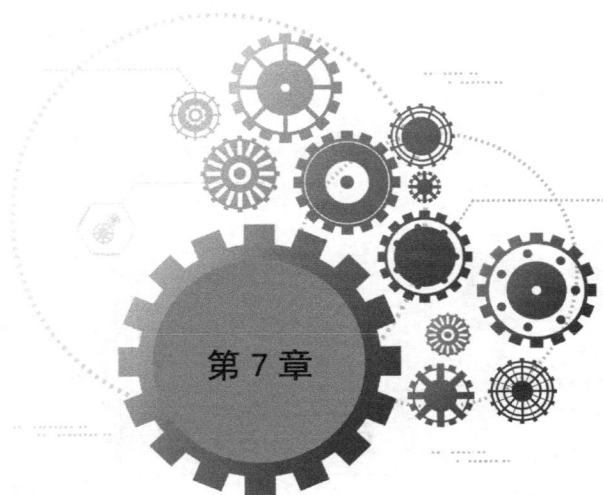

数实融合：
数字经济赋能实体经济

01 数实融合的概念与内涵

数字技术自诞生以来，便迅速在高端芯片制造、高性能计算机研发、网络架构设计、基础操作系统开发等多个领域广泛应用，同时，其内涵和外延也得到进一步扩充与拓展。随着数字技术与实体经济的融合程度进一步加深，农业、工业、服务业等行业的数字化水平不断提升，数字经济已成为我国经济发展的重大方向，数字产业化与产业数字化是我国未来产业发展的重要趋势。

党的十八大以来，党中央对数字经济的发展予以高度重视。随着技术的进步和产业的发展，我国对数字技术与实体经济的认识和理解进一步加深，更多的实践与探索也正在进行之中。

（1）数实融合的内涵

数实融合是指以互联网、大数据、人工智能、云计算、物联网等数字技术为引领，以农业、服务业、制造业等传统产业为对象，通过高效促进数字技术与传统产业的深度融合，丰富数字技术在传统产业中的应用场景，实现数据、技术、场景三要素在生产、分配、流通、消费等各个环节中的贯通，实现传统产业的改造升级，催生新的经济发展业态。

数实融合的内涵如图 7-1 所示。

图 7-1　数实融合的内涵

● **数实融合中的"数"指的是数字技术。**例如，人工智能、大数据、物联网、云计算等均具有突出的技术优势，并具有较强的适用性。

● **数据是贯通传统经济与数字经济的桥梁。**通过对各个行业、各个场景、各个产业环节所产生的数据进行收集处理，完成数字技术、数据要素、应用场景的串联，形成数字化产业链。借助互联网能够实现人员、技术、产品的智能互联，以及生产、制造、销售等环节各主体的实时互动；对数据资源进行整合，能够实现技术集成和创新演进，进而促进产业的跨界融合和多元发展。

● **应用场景是指数字技术产生作用的各种情境。**在各种应用场景中，应用需求是推动数实融合的重要动力，数实融合背景下构建数字生态需要以应用场景为核心。通过将数字技术渗透生产生活的各个场景，有助于促进生产生活、城市发展和社会治理向智能化方向发展。

（2）数实融合的政策演进

党的十八大以来，我国互联网事业快速发展，网络安全和信息化工作扎实推进。互联网的普及与发展为我国居民的生活和产业的发展带来了巨大变化，截至 2023 年 12 月，我国网民规模达 10.92 亿人。互联网成为数字经济发展的重要推手，互联网与实体经济的深度融合已经成为经济改革的重要发展方向。

随着我国对数字技术与实体经济之间相互作用的理解进一步加深，以及在数实融合领域内的探索不断深入，越来越多的论述与政策被提出。数实融合的政策演进见表7-1。

表7-1　数实融合的政策演进

时间	会议或文件	主要内容
2016年4月19日	网络安全和信息化工作座谈会	着力推动互联网和实体经济深度融合发展，以信息流带动资金流、技术流、人才流、物资流，促进资源配置优化，促进全要素生产率提升
2016年10月9日	十八届中央政治局第三十六次集体学习	加强信息基础设施建设，推动互联网和实体经济深度融合，加快传统产业数字化、智能化，做优做强做大数字经济，拓展经济发展新空间
2017年10月18日	党的十九大报告	加快建设制造强国，加快发展先进制造业，推动互联网、大数据、人工智能和实体经济深度融合，在中高端消费、创新引领、绿色低碳、共享经济、现代供应链、人力资本服务等领域培育新增长点、形成新动能
2017年12月8日	十九届中央政治局第二次集体学习	构建以数据为关键要素的数字经济，推动实体经济和数字经济融合发展，推动互联网、大数据、人工智能同实体经济深度融合
2018年4月20日至21日	全国网络安全和信息化工作会议	推动互联网、大数据、人工智能和实体经济深度融合，加快制造业、农业、服务业数字化、网络化、智能化
2018年10月31日	十九届中央政治局第九次集体学习	促进人工智能同一二三产业深度融合，以人工智能技术推动各产业变革
2019年10月24日	十九届中央政治局第十八次集体学习	加快区块链和人工智能、大数据、物联网等前沿信息技术的深度融合，推动集成创新和融合应用。要推动区块链和实体经济深度融合，要利用区块链技术探索数字经济模式创新
2020年10月29日	《中共中央关于制定国民经济和社会发展第十四个五年规划和二〇三五年远景目标的建议》	推动互联网、大数据、人工智能等同各产业深度融合，推动先进制造业集群发展，构建一批各具特色、优势互补、结构合理的战略性新兴产业增长引擎，培育新技术、新产品、新业态、新模式

续表

时间	会议或文件	主要内容
2021年3月12日	《中华人民共和国国民经济和社会发展第十四个五年规划和2035年远景目标纲要》	充分发挥海量数据和丰富应用场景优势，促进数字技术与实体经济深度融合，赋能传统产业转型升级，催生新产业新业态新模式，壮大经济发展新引擎
2021年10月18日	十九届中央政治局第三十四次集体学习	推动互联网、大数据、人工智能同产业深度融合，加快培育一批专精特新企业和制造业单项冠军企业
2021年12月12日	《"十四五"数字经济发展规划》	以数据为关键要素，以数字技术与实体经济深度融合为主线，加强数字基础设施建设，完善数字经济治理体系，协同推进数字产业化和产业数字化，赋能传统产业转型升级，培育新产业新业态新模式，不断做强做优做大我国数字经济，为构建数字中国提供有力支撑。促进数字技术向经济社会和产业发展各领域广泛深入渗透，推进数字技术、应用场景和商业模式融合创新，形成以技术发展促进全要素生产率提升、以领域应用带动技术进步的发展格局
2022年10月16日	党的二十大报告	加快发展数字经济，促进数字经济和实体经济深度融合，打造具有国际竞争力的数字产业集群
2022年12月2日	《中共中央 国务院关于构建数据基础制度更好发挥数据要素作用的意见》	构建数据基础制度，以促进数据合规高效流通使用、赋能实体经济为主线
2024年1月4日	《"数据要素×"三年行动计划（2024—2026年）》	以推动数据要素高水平应用为主线，以推进数据要素协同优化、复用增效、融合创新作用发挥为重点，强化场景需求牵引，带动数据要素高质量供给、合规高效流通，培育新产业新模式新动能，充分实现数据要素价值，为推动高质量发展、推进中国式现代化提供有力支撑

结合我国数实融合的政策演进，可以对数字技术、数字经济和实体经济的关系做如下总结。

● 数实融合是数字经济发展的主要实施路径，数据是重要支撑。通过对生产、分配、流通、消费等各个环节数据的收集、处理、使用，能够完成数字技术对传统产业各领域、各环节的全覆盖改造，这一过程在对传统产业进行升级的同时也促进数字技术进一步发展，催生新的需求、新的应用场景和新的商业模式。通过数据流对产业链的贯通，实现产品、应用方式、经营模式和体制机制的创新。

● 数实融合强调互联网、大数据、人工智能、区块链等数字技术与传统产业的有机融合，以数字技术对传统产业进行变革，以技术为支撑、以数据为载体、以场景为平台，推动新的经济增长因素出现。

● 数实融合的最终目标是以数字技术赋能产业发展，最终实现对各生产要素利用率的提升，为实体经济部门带来产出增加和效率提高。通过有针对性地重点培养一批"精尖企业"，进一步推动数据要素价值释放，赋能实体经济业态重构。

02 数实融合助力新质生产力

数实融合是数字化时代下生产力创新与发展的重要实现方式，其内涵揭示了数字技术与实体经济融合变革并推动经济发展的内在逻辑：数实融合对于产业的变革是全方位、多层次的，除了技术方面的提升，还包括对生产方式和业务模式的颠覆，能够推动经济发展迈上更高的台阶。

（1）数实融合助力新质生产力的发展路径

数实融合与新质生产力的发展是密切相关的。数字经济赋能新质生产力的发展，从生产的内部环节出发拓展了生产要素的内涵，将信息收集能力、数据处理能力、信息交互能力、算力等作为新的生产要素合并到生产力的范畴。新质生产力最终实现目标与数实融合一致，都是打造新科技、新业态、新模式。也就是说，新质生产力通过实现数字技术在传统产业各个环节的充分应用，能够提质增效，实现经济的高质量发展。

数实融合助力新质生产力的发展路径如图 7-2 所示。

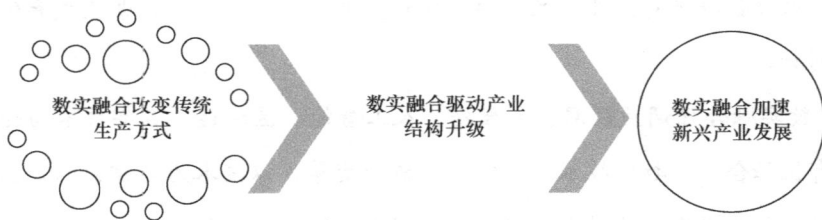

图 7-2　数实融合助力新质生产力的发展路径

① 数实融合改变传统生产方式

数字技术与传统产业的融合，使无人化生产、智能化生产成为可能，使产品的加工效率和加工精度进一步提升，在降低企业人工成本的同时大幅提升生产效率。例如，大数据分析、人工智能等数字技术的引入，使企业在市场预测、资源整合等方面更加准确和可靠，让企业经营管理更加高效；云计算、物联网的应用，进一步提升了生产过程的灵活性，能够通过数据呈现生产过程，让产品更加精准匹配客户需求。

② 数实融合驱动产业结构升级

在这一过程中，数字技术的渗透应用，进一步延伸了传统产业的产业链，提升了生产效率与产品附加值。例如，计算机数控机床使零件加工的过程进一步完善，精度进一步提升，并实现了柔性加工，数字技术的深入应用将持续优化传统产业结构。

③ 数实融合加速新兴产业发展

数实融合与生产生活的紧密结合催生了新的经济增长因素。对于需求侧的客户，数字技术与传统产业的融合，能够为这些领域带来新的变革，推动其进步，让与之相关的新产业生长起来，创造出新的发展机会，甚至是培育出新兴产业，从而为消费者提供更加完善的服务。而对于作为供应侧的企业，数实融合实现了生产的高质量、高效率、低成本，增加了其收益空间。同时，数字技术所提供的市场数据和消费者数据，有利于更好发挥市场导向作用，让企业跟随市场脚步不断提升产品质量与服务水平，以获取更大的市场优势。

此外，数字化转型还对企业的管理运营优化起到了极大的促进作用，催生了新的内部管理模式，让管理效率更高、综合效能更优，让企业在市场上的自我调节能力和适应能力更强，助力其可持续发展。

（2）数实融合助力新质生产力的未来展望

数实融合在推动新质生产力发展、推动新质生产力引领我国经济发展等方面显示出极大的潜力。随着数字技术日新月异的发展，尤其是结合当下5G、物联网、人工智能发展的强劲势头来看，数实融合将会进一步发展，为新质生产力提供更加强大的驱动力。

未来，数实融合将带给产业发展更多新的可能，通过技术上的创新，将进一步提升生产的无人化、智能化程度，同时，产品生产周期将进一步缩短，产品质量将大幅提高。此外，数实融合将进一步完善产业结构，实现传统产业向高端绿色化产业的转型，而新兴产业（如智能制造、智慧医疗等）也将为经济发展带来新的动力。

数实融合与日常生活的结合也将更加紧密，在为人们开启全新生活方式的同时，也能够创造新的应用场景。例如，借助5G和物联网技术所实现的智能家居、数字教育、远程医疗带给了人们更加便捷、舒适的生活体验，也开拓了更大的消费市场。在此过程中，数据安全与隐私保护问题成为社会各界关注的重点，这也对相关领域的技术研发与进步提出了更高的要求。而政府和企业将成为推动数实融合的两个重要主体，需要分别在进行政策帮扶、提供绿色通道和加大技术研发等方面推动数实融合更快、更好地发展。

此外，积极开展不同行业与不同领域间的合作，也将成为促进数实融合发展的重要方式。通过共享资源、加强技术交流和市场合作，能够进一步挖掘需求和拓展市场，同时更快地进行技术创新与研发，加速服务内容、业态和商业模式的创新。总而言之，数实融合对新时代产业发展与产业布局有着重要的促进作用，不但能够通过技术层面的革新推动生产力的发展，还可以通过对数据信息的采集和处理、对信息之间的交互实现产业布局和经济结构的调整优化。

03 赋能现代化产业体系建设

现代化产业体系是新发展格局的"地基"，是国家现代化建设中物质基础与技术基础的来源。建设现代化产业体系是我国全面建成社会主义现代化强国的重要一环，也直接关系着我国在国际经济竞争中的实力。实体经济是现代化产业体系的重要支撑，近年来，随着大数据、云计算、人工智能等数字技术的飞速发展，数字经济的发展逐渐展现出强劲势头，呈现出速度快、辐射广、影响深的特点。

总之，更好地发挥数实融合在建设现代化产业体系、提升我国国际竞争力中的重要作用，需要明确数实融合对我国经济社会发展的重要意义，具体如下。

（1）有效强化产业之间的协同联动

现代化产业体系反映的是一个国家或地区的产业发展水平、产业结构、产业基础设施，以及产业发展的土地、人才、资金、技术等各要素之间有机、动态的联系。数实融合的过程就是串联数据要素所实现的跨行业、跨领域交融，是不同产业之间互相关联的典型。同时，数实融合为不同产业之间的协同发展提供了桥梁，有力地推动了各产业的业态融合与重构，进一步提升产业的现代化水平。

新技术在传统产业中的渗透应用，能够对产业发展链上流通的信息、技术、人才、资金、物质各要素进行快速整合与共享，实现高效利用，使技术和知识的传播不再受时间和空间的限制。同时，数实融合实现了各地区产业之间、产业链各环节之间的紧密联系，使地区发展、产业发展的经济结构和空间结构得到进一步调整，对实现实体经济、科技创新、现代金融、人力资源的协同发展、提升全要素生产率具有重要意义。

（2）有效增强对实体经济的支撑

当前，我国数字产业化与产业数字化发展势头强劲，数字技术与农业、服务业、制造业等领域的融合程度进一步加深，正从内部的各个领域、各个环节推动着这些产业的升级与进步。新一轮产业变革和技术革命对我国产业发展提出了新的要求，智能化、自动化、未来化成为今后产业发展的重要趋势，从传统的要素驱动转向创新驱动是产业发展必然要经历的过程。

通过数实融合，数据作为一项新的生产力要素被纳入产业发展之中，通过对数据的采集、利用，能够有效地促进实体经济的技术发展、产业链重构与商业模式革新，加快我国实体经济的现代化转型，提升我国实体经济的发展水平与国际竞争力。

在技术层面，数字技术所提供的改造让传统行业中的生产力大幅提升，推动产业向着现代化、高端化方向发展，绿色、高效、智能、低成本成为传统行业发展的主要特点；在设施和平台建设层面，通过构建广泛参与、资源共享、精准匹配、紧密协作的产业生态圈，加强建设数据中心、数字平台、数字车间、"灯塔工厂"、智慧园区等新型基础设施，能够进一步推动数字经济核心产业规模稳步增长，推动实体经济高质量发展。

（3）有效催生现代产业的新形态新模式

数实融合带来了产业组织方式与社会分工方式的变革。随着数实融合过程中产业链各个环节之间、各个主体之间的资源共享与联系互动程度不断加强，产业的组织方式也趋于专业化、扁平化、平台化和小微化，这让企业内部组织的灵活度更高、自主权更大，在创新空间扩大的同时，对于客户需求的匹配更加精准，能够更好地激发新需求，重塑经济模式。

大规模定制生产、个性化定制生产、无人工厂、云制造等颠覆了传统的制造业发展模式，使产品生产环节更加自动化、数字化、智能化；虚拟实验室、工业互联网、智慧园区、电商直播、数字农业、数字金融、数字展演、智慧物流、无人配送等也成为新的产业经营范式。新业态新模式的发展充满活力，成为填充现代化产业体系这一"骨架"的丰满"血肉"。

（4）有效提升产业体系的国际竞争力

为了更好地取得国际经济体系中的话语权，我们需要深化改革持续创新，以数实融合为依托，结合我国实体经济体量大、门类齐全、产业链完整、发展空间大，以及数字经济发展势头强劲的优势，构建强有力的现代化国际产业体系。充分利用数字技术对实体经济的赋能作用，不断为我国产业发展注入活力。

04 推进数实融合的对策建议

当前，我国经济发展已经取得了举世瞩目的成就，成为世界第二大经济体；同时在科技创新与企业发展方面均取得了较大进步。但是，结合具体产业发展来看，我国部分产业的发展仍存在一些问题，例如，有的产业整体规模跻身国际前列，而产业发展水平长期处于中下游；有的产业门类齐全，而相关领域内的核心技术、核心产品仍然没有自主产权；有的产业在与其他产业的融合中尚未形成对产业链各个环节和完整生命周期的全覆盖，还存在一定的不足。

此外，当前数实融合缺乏进一步的推动力，且主要是在制造业和服务业等个别行业中的融合程度较好，尚未实现各领域、各环节的均衡融合，数实融合的相关领域还不够广。因此，需要从以下两个方面入手推进数实融合，促进产业体系进一步发展，如图 7-3 所示。

图 7-3　推进数实融合的对策建议

（1）统筹数字经济和实体经济

数字经济是经济发展新阶段拉动我国经济总体水平提升的重要引擎，实体经济是我国经济发展的支柱，只有做好两者之间的统筹推进，使之处于同一发展频次上，才能更好地实现二者的结合，产生强大的经济合力。

一方面，从数字经济入手，做好新旧动能转换。立足新发展阶段，贯彻绿色协调可持续的新发展理念，在充分把握国内外经济和科技发展态势的基础上，进一步推动数字技术的研发及其在国内各行业各领域的深度应用，加快推动数字应用和智能改造，让数字经济在更大范围、更深层次赋能实体经济发展。政府要发挥主导作用，做好顶层设计与产业布局，完善基础设施与政策配套，打造数字经济发展协同共享平台，培育一批数字经济发展带头企业，完善数字治理体系，从多方面入手推动数字经济持续为实体经济赋能。

另一方面，统筹传统产业与新兴产业。利用好我国人口数量带来的巨大市场优势，通过当前经济体系中完整的产业门类与产业链，以及完善的配套措施，进一步推动数实融合的纵深发展、平稳发展，带动现代化产业体系建设。要坚持第一产业、第二产业、第三产业融合发展，不断推动传统产业技术变革、模式创新，促使其向着智能化、高端化、绿色化发展。要充分发挥先进产业与传统产业之间的双向促进作用，既要通过先进产业在数实融合方面的优势实现先进产业与数字经济的快速融合，推动相关技术的成熟与商业模式的创新，为推动传统产业的改造升级积累经验；又要积极进行传统产业与数字经济融合的实践，使数字技术为传统产业赋能，加快传统产业的发展方式转变与产能提升，为先进产业提供更多的支撑。

（2）兼顾引领示范与政策保障

数实融合带来了产业发展中的技术突破与商业模式创新，打破了传统产业中存在的壁垒，加深了各个环节之间的联系。但同时，数实融合也使经济发展面临低端锁定，产业发展出现同质化，水平难以进一步提升，产业发展过程中实体经济的重要性被忽视，出现"脱实向虚"问题等一系列发展风险。因此，在产业发展过程中，要充分注意这些问题，保证产业体系内部的流通性与高效运行，构建多元立体、层次丰富的产业生态圈，加强不同产业之间、同产业不同环节之间的互动联系，保证其无论何时都能够有效运转。

未来，应进一步发挥数实融合对经济的拉动作用，构建自主高效、稳定可靠、充满活力的现代化产业体系，具体可从以下3个方面努力。

① 坚持"以数强实"

始终坚持实体经济的核心地位，以提升实体经济全要素生产率为主要目标，进一步加快数字技术为实体经济赋能，依托数字技术进一步提升传统产业的竞争力。通过产业技术变革、企业管理创新、组织方式调整、锻造产业链长板并补齐产业链短板、新应用场景开发等方式，催生出更多的新业态、新场景、新应用。

秉持科学发展理念，尊重产业发展和市场规律，进行合理布局，做好目标规划；强化创新驱动作用，对各类中小企业进行引导帮扶，通过技术创新、模式创新加快数实融合进程；打造开放共享的数实融合生态，通过平台建设、交流合作等方式推进企业间的协同配合，优化资源配置，提升资源利用率；通过重点领域带动其他领域发展，首先在重点领域加快实施数字化管理、智能化制造、网络化协同、全链条循环，培育一批专精特新企业与制造业单项冠军企业，加快数实融合速度，而后辐射带动其他领域，提高数实融合效率。

② 强化引领示范

强化区域引领作用，通过推动京津冀、粤港澳大湾区、长三角等重点区域的数实融合高质量发展，加快其科技创新，打造技术研发、产业培育、人才培养"三位一体"全球化协同创新体系，为数实融合提供动力；通过工业互联网平台、算力中心、智能工厂的建设，率先试水传统产业集成化、标准化、模块化改造，为行业发展提供范式；推动区域内数字化改造，探索数字治理，建设数字城市，将数字经济、产业发展与城市建设协同，深化数实融合，建立科学评价体系，进一步推广先进经验；通过设立数实融合发展试验区进一步探索数实融合的多元化发展，打造一批具有数字化、引领性、开放性特点的产业集群。

③ 加强政策保障

进一步完善顶层设计，做好规划布局，把握好发展速度与发展安全之间的尺度，做到稳中求进，保障实体经济与数字经济各领域、各行业、各环节之间的政策完善性、协同性，保证数实融合的政策配套。

强化基础设施建设管理，重点加快移动通信、工业互联网、大数据中心等新型基础设施系统的布局和建设，保证其对数实融合的支撑性作用；进一步畅通企业间、产业上下游之间、供应链产业链之间的交流渠道，打造共建共享平台；做好安全管理工作，对于数据资源的流通、使用、收益分配等方面的问题进行针对性解决，及时出台标准予以明晰；推动产业发展同国际接轨；加强人才培养，推动高校数字化规划、工业数据分析、工业互联等领域的相关学科建设，加强产学研一体化推进，为数实融合源源不断地输送人才。

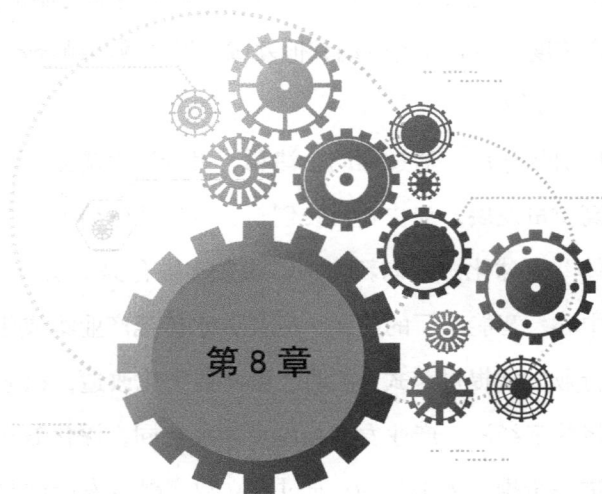

第 8 章

产业互联网：
数实融合的创新实践

01 ▎产业互联网：赋能实体经济

当前，高质量发展正成为我国经济发展的主要目标和方向，而实体经济是高质量发展的根基。近几年，数字技术呈现出迅猛的发展态势，在大数据、人工智能、云计算、物联网等领域取得突出进展，数字经济的规模正逐年上升。2019—2023 年我国数字经济的规模如图 8-1 所示。

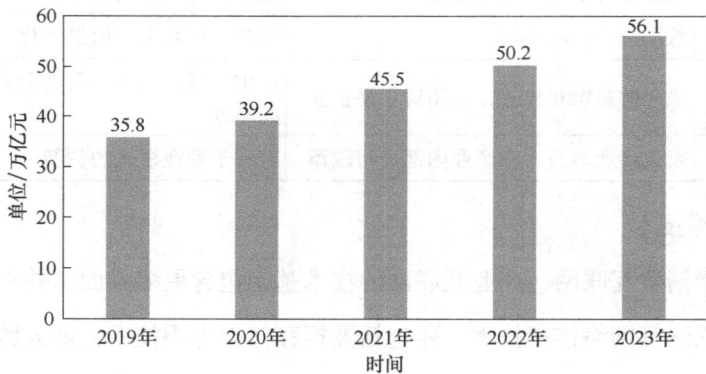

数据来源：中国信息通信研究院。

图 8-1　2019—2023 年我国数字经济的规模

与此同时，互联网的发展阶段也由消费互联网进入产业互联网，而产业互联网对于实体经济有着重要的赋能作用，能够推动实体经济的数字化、网络化、智能化转型，使经济结构和经济发展模式发生重大变革，并改变全球产业链格局。产业互联网是一种互联网生态和形态，也是一种新型技术范式和经济活动，既涉及传统网络技术，也运用数字技术，实现了两者的融合。在移动互联网和物联网的作用下，企业的各部门和各环节之间均建立起联系，使各部门和各环节之间的联系紧密且更加高效，降低了因为信息沟通不畅和环节多带来的信息延误，大幅提升了工作效率；而大数据和人工智能等可以帮助企业更好地了解市场需求，加快对市场的响应速度，使企业能够更有针对性地开展经营活动，创造更多的收益。

（1）产业互联网和消费互联网

产业互联网和消费互联网的差异体现在以下 5 个方面，详见表 8-1。

表 8-1　产业互联网和消费互联网的差异

维度	产业互联网	消费互联网
支撑技术	除网络连接技术外，还包括数据存储与应用技术，以及虚拟现实、3D打印等技术	主要为互联网、物联网等网络连接技术
连接对象	建立各种事物之间的连接	建立人与人之间的连接
数据利用	数据成为核心要素	无法实现数据价值最大化
应用对象	采用的是B2B[1]模式，应用对象是企业	以B2C[2]模式为主，向消费者提供产品和服务
应用效果	聚焦产业本身，在产业内部进行改革	有利于商业模式的创新

① 支撑技术

相较于消费互联网，产业互联网的技术基础包含更多方面，并不局限于互联网、物联网等网络连接技术，还包括数据存储与应用技术，如大数据、云计算、人工智能等，此外，产业互联网在实现应用的过程中还要用到虚拟现实、3D 打印等技术。

② 连接对象

消费互联网用来建立人与人之间的连接；产业互联网则旨在建立各种事物

1　B2B：企业对企业。

2　B2C：企业对消费者。

之间的连接。通过物联网技术的应用将客户、设备、产品、服务相互连接，形成更加完善的生态和体系。

③ 数据利用

在消费互联网时期，通信网络、算力和算法还没有达到足够高的水平，很难实时采集数据并将其存储，更无法做到深度挖掘数据，这样不能将数据的价值最大化。而在产业互联网时代，数据成为核心要素，数据的采集、流动、反馈等活动覆盖整个流程和生命周期，根据对实时数据的分析完成决策，借助数据进行学习以实现能力的提升，从而使核心业务的自动化和智能化程度得以增强。

④ 应用对象

消费互联网以 B2C 模式为主，向消费者提供产品和服务；而产业互联网采用的是 B2B 模式，应用对象是企业。在企业的研发、采购、生产、销售、售后服务等各个经营环节中，以及在管理、生产、营销等各个部门中，都有数字技术的应用。由于应用对象不同，数据产生的价值也不同，产业互联网对数据的需求和应用，为创造更多的新产品、新技术、新模式奠定了基础。

⑤ 应用效果

通过消费互联网，人与人之间的沟通效率有了很大提高，企业和客户之间能够做到信息透明，有利于新商业模式的开发，推动新的消费场景出现。而产业互联网聚焦产业本身，在产业内部进行变革，采用更加合理高效的企业流程和资源配置方式，在经营模式上作出创新，实现更高的运营效率，创造更多的经济收益。随着产业互联网对数据的深入应用和价值挖掘，将创造更多的产业发展方向，从内向外促进经济发展，形成源源不断的经济发展内生动力。

（2）产业互联网赋能实体经济

实现经济高质量发展，需将实体经济作为主要着眼点。近年来，我国实体经济存在供需不符、成本难以抑制、缺乏创新动力等问题。而产业转型升级是应对实体经济发展问题的必要举措，是破解传统产业面对发展壁垒的有效方法，在产业转型升级的过程中产业互联网将发挥关键作用，借助数字技术为实体经济赋能，推动实体经济在质量、效率、动力等方面实现转型。产业互联网对实体经济的赋能作用体现在以下 4 个方面，如图 8-2 所示。

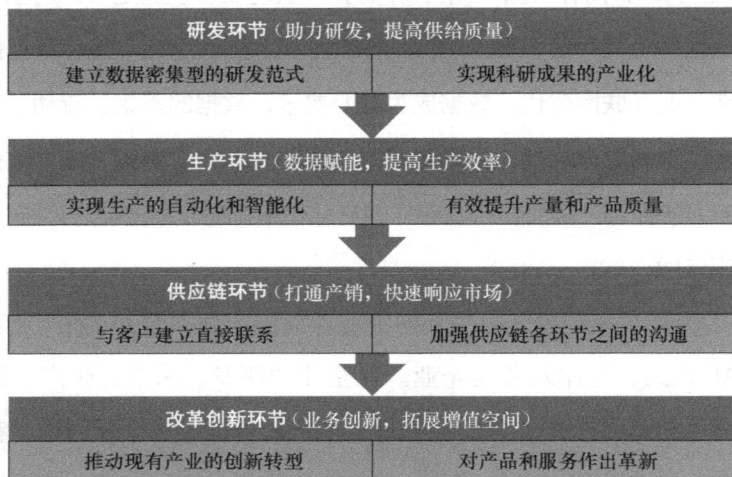

图 8-2　产业互联网对实体经济的赋能作用

① 助力研发，提高供给质量

创新是产业进步和经济增长的重要驱动力，而研发创新是一项需耗费大量人力、资金和时间的活动，这是创新领域主要面临的现实问题。人工智能、大数据等技术可以在一定程度上改变科学研究的范式，过往的科学研究主要建立在实验、理论和计算上，而应用了人工智能技术的科学研究更加强调数据的作用。建立数据密集型的科学范式，可以减少研发活动的人力、资金和时间投入，提升研发效率，更快地实现科研成果的产业化，创造出更多更先进的产品，以缓解供给和需求不匹配的问题。

借助产业互联网，一方面，数字技术的应用范围得到扩展，在实体经济的各个领域发挥着关键作用；另一方面，也为数字技术的进步和产业化提供了动力和契机。

② 数据赋能，提高生产效率

成本是实体经济发展必须考虑的问题。而产业互联网有助于实现生产的自动化和智能化，在节省人力成本和原材料成本的同时提高生产工艺，提升生产效率和产品质量。

许多企业在生产活动中运用了数字技术，例如，有的企业将人工智能图像识别技术用于质量检测，使检测更加快速准确。此外，借助人工智能技术，还可以获取最佳生产参数，能够有效提升产量和产品质量。通过数据对产业的赋能，能够为产业的发展和变革提供动力，促进产业提质升级，有效提升生产效率并降低生产成本。

③ 打通产销，快速响应市场

供给方和需求方之间会存在信息不对称的情况，供需不匹配的问题都是由此产生的。供给方对于市场需求缺乏全面准确的了解，无法及时掌握需求的变化，不能提供符合市场需求的产品和服务，这会导致生产的产品无法获得市场最大程度的认可，出现"产能过剩"的局面，生产的产品不能及时通过市场渠道进行消化，这使供给方面临较大的库存压力。为了解决这一问题，企业可以借助互联网与客户建立直接联系，形成有效的沟通交流渠道，随时从客户方获得反馈，针对客户需求进行产品的研发和生产。同时，以数字孪生和智能制造作为技术基础，可以对生产系统作出更新，扩大定制化生产规模，为客户提供更加具有针对性的个性化产品，能够更好地满足客户的定制化需求，从而占据更多的市场主动权。

除了企业和客户之间的连接，供应链的上下游之间也需要建立连接，这可以通过物联网和移动互联网等实现。加强供应链各环节之间的沟通，可以增加供应链信息的透明度，提升响应速度和供应效率，防止出现供应不足、供应不及时或供应过剩的情况，及时做好各环节原料的补充，避免出现环节断链或空档，让产品的全生命周期变得有迹可循。

④ 业务创新，拓展增值空间

数字技术的应用会推动现有产业的创新转型，刺激企业推出新产品，形成新的商业模式和经营形态，满足市场新的需求，提升企业的整体竞争力。

许多企业运用大数据、人工智能等技术对产品和服务作出革新，例如个性化定制、信息增值服务、系统解决方案等均体现了产品和服务的融合，给客户带来了更好的使用体验，提升了客户满意度。此外，从商业角度考虑，产品销售只能创造单笔收入，而服务则可以持续性地创造收入，服务性收入所占的比重越来越大，成为企业未来获得利润收入的重要来源，可见产品和服务的融合能够使企业获得更多的收益，延长企业收益链条，创造更多可持续的价值。

02 ╱ 技术驱动：发挥产业融合效应

数字技术是产业互联网的重要驱动力，依托数字技术，产业互联网与消费互联网实现了融合。综合应用多项数字技术，是其扩展使用范围的重要方式。具体而言，数字技术可分为 3 类，详见表 8-2。

表 8-2　数字技术的类别

类别	组成
发挥连接功能的数字技术	包括信息技术和通信技术
发挥计算功能的数字技术	包括大数据、人工智能、云计算等
发挥互动功能的数字技术	包括数字孪生、虚拟现实、增强现实等

数字技术与实体经的融合体现在以下 3 个方面。

● 数字技术推动传统产业的数字化转型，使研发、生产、流通、销售等各个环节之间具备了较高的融合度。智能制造、个性化定制、服务性制造等能够使企业更好地满足市场需求，以更高的效率生产出质量更好的产品。

● 数字平台将聚集起大量相关主体，生产者、销售者、消费者能够借助数字平台实现高效沟通，提高信息透明度，减少供给和需求不匹配的情况。同时，信息的交流有助于发现新需求和新的应用场景，从而对产业作出拓展。

● 技术集成是数字技术创新的重要推动力，即区块链、人工智能、大数据、物联网等技术与产业进行融合。在此基础上，新模式和新业态应运而生。

在数字技术的推动下，产业链和供应链之间形成了网络协同效应，实现了高效沟通和互动，联系更加紧密。在这个过程中，产业链和供应链得到了重构，社会化协同程度大幅提升，形成了新的经营模式，创造出更多经济效益。借助网络协同效应，消费互联网能够创造出颇为可观的价值，而产业互联网能够对社会化协同起到极大的促进作用，提高合作的效率、范围和深度。

以智能工厂的建设为例，其包含两个层面的内容。

● 建设自动化和无人化的车间和生产线，在数据分析的帮助下，制定更合理高效的生产流程，对工艺实施改造，由此降低生产成本，提高生产效率。

● 从数据和系统入手实施集成，从外部提高协同能力，例如，采购和产销环节，以及工厂与工厂之间，都需要实现协同，通过数据的驱动使产业链上下游联系更加紧密，配合协同更加高效。

互联的对象由设备扩展到工厂，扩大了协同的规模，提升了协同制造的能力，供应链各个环节之间的协作创造出巨大效能。一方面，有的企业通过互联网建立了工厂之间的连接，每个工厂根据订单承担各自的生产任务，再通过数据的处理与协同调度，使面向市场的产品能够快速被制造出来，大幅提高了生产效率；另一方面，通过互联网建立的连接不仅建立在工厂之间，还建立在设备之间，设备间的协作使设备的生产精度更加精确，生产的产品具有更高的一致性。工厂互联和设备互联可提高生产制造过程中的协同性，使产能得到更合理的分配，从而大幅提升生产效率。

此外，智能制造还能与采购端和流通端建立协同关系。在采购端，参考数据完成与各类供应商的对接，通过数据分析做出更合理的采购决策，采购包括生产性采购、非生产性采购、服务采购等；在流通端，通过收集大量数据并进行分析，可较为全面地了解和掌握市场需求，参照市场需求进行生产，生产完成后的产品将进入流通端的供应链。

03 数据驱动：数据要素重塑产业链

数据是数字经济中出现的全新生产要素，在数实融合中发挥关键作用。要想将数字化与智能化引入协同和决策过程，就要打通关键系统链路和数据链路。技术进步是有一定偏向性的，其偏向性由要素决定，在以往的经济发展中，技术进步主要表现为劳动偏向性和资本偏向性两类。

而5G、大数据、人工智能等技术致力于扩大数据要素的使用规模，提升其处理效率，从而形成规模报酬递增效应，使产量的增长超过数据这一生产要素的增长，由此可以得到一种新的技术进步偏向性，即数据偏向性。但当前在对国民经济进行核算时，还没有完全将数据要素纳入考量范围，此外生产函数中也未包括数据要素，因此，数据偏向性引导下的技术进步需要进一步得到承认和重视。

在消费互联网的生产要素中，数字技术的地位非常关键；在产业互联网中，数据要素的地位更加不容忽视，其能够驱动产业互联网的快速发展。从相关研究中，可以发现数字技术能够推动产业的数字化转型，而在数实融合中，同样需要发挥数据要素的作用，促进数据的深入应用，推动实体产业的数字化转型升级。数据要素具备智能化、多元性、实时性、便于共享等特征，可以将不同的领域或部门融合起来，通过高效协同使各部门、各环节的效率更高，处理流程更加合理，各部门之间和各环节之间的协同效率得到有效提升。数据要素的上述特征对于企业的创新、决策，以及产业的融合都具有重要意义。

　　数据要素本身不足以构成生产要素，单一的数据要素也无法产生实际效用，它需要其他生产要素（如数字技术、劳动等）的协助。此外，数据成为生产要素还需要一个条件，那就是良好的技术基础。例如，借助于算力和算法的有机结合，数据得以进入现实和经济系统，通过算力和算法将数据进行分析加工和高效处理，让采集的数据成为有价值的数据。因此，从这个维度分析，数据要素与数字技术能够互相赋能。

　　数字技术保证了数据本身、数据传递时间和数据接收者的正确性，围绕数据，人才、技术、资金、物资等形成新的生产组织，使企业和市场已不再像往常一样具备清晰的边界，让跨界融合现象越发常见。而数据要素能够对生产效率和资源配置效率产生积极影响。在生产效率上，数据要素能够对生产流程作出调整和改进，并拓展应用场景，提高生产效率；在资源配置效率上，数据要素能够与劳动、资本、技术等传统的单一要素相结合，创造出倍增效应，使上述要素的资源配置效率得到大幅提升。

　　由此可见，数实融合使数据要素扩大了自身的影响范围，使其应用场景得到了极大的丰富，引发了商业模式和资源配置方式上的变革，促进了生产效率的提高。数据要素能够借助数字平台对供给侧和需求侧产生影响，并通过与数据技术的结合，建立起强大的产业互联网平台。产业互联网平台引入数据要素后，将加快数据应用的升级迭代速度，增强数据的流动性，创造出更大的价值。

　　此外，数据要素具有"飞轮效应"。"飞轮效应"是指要花费很多力气让飞轮进入高速转动状态，而飞轮转动起来后便不必再花费太大的力气，数据的"飞轮效应"则可以有效提高要素的传递效率，一旦将数据运转起来，数据将持续不断地产生价值从而形成持续的生产力。在"数据飞轮"的作用下，企业的各个部门、各个生产环节、产业链各组成部分之间，都能实现要素的自动流动，从而有效保障整个系统的稳定性，推动生产方式、组织形式、商业模式等方面的创新。

04 生态驱动：构建数字产业生态圈

数实融合的深入会改变数字技术的定位，使数字技术不再局限于在企业层面发挥作用，不再是单纯的企业服务工具，而上升到产业层面，成为推动新产业形态建设的引擎。另外，技术需要服务于具体场景，以具体场景作为切入点，能够使技术的应用范围得到扩展。

例如，电子商务的运行就需要基于一定的生态，由此便形成与电子商务对应的生态系统。在这样一个生态系统中，制定生态规则的是平台，生态系统的维持和演进则需要多方参与，包括生产厂商、销售商、消费者、金融企业、物流企业等。

电子商务通过建立的数据化线上平台将生产者和消费者连接起来，大幅缩短了销售中间环节，使产品信息和需求信息更加透明，为经济发展创造出可观的收益，因此它对实体经济的吸引力越来越强，随着实体经济和电子商务之间融合程度的加深，整个产业需要营造更加开放的氛围，各参与者之间也需要建立更加紧密和深入的合作，此外对于市场数据和资源配置效率的要求也将提高。在这样的背景下，数据存储、物流快递等新型基础设施在产业发展中的作用越发关键。

不过，作为生态的主导者，平台必然会根据自己的需求框定生态的层级和范围，平台在生态中的主导地位和话语权使产业互联网变成企业互联网。传统企业虽然拥有较大的规模和客户群体，但在以平台为中心的生态中仍旧难以取得优势地位。传统企业为了应对更加复杂多变的环境，应该做好数据互联，形成企业自身的产业数据链。

数据互联包含企业与上下游的互联和企业内部的互联，上下游又包括上游企业和下游企业或客户。产业互联网以企业为重要节点，数实融合和产业互联网的发展需要用到足够多的产业数据，产业数据的积累离不开产业链。但是，产业链是一个复杂的系统，包括很多个单元，各组成部分之间的分工明确，没有紧密的联系，这不利于产业链的数字化互联，因此，从这个角度来看，消费互联网飞速发展的景象似乎在产业互联网中难以重现。

推动实现数实融合，需要构建数字生态共同体。消费互联网中的电子商务平台具有开放性特质，这是生态系统得以建立的重要条件，而从销售和采购等基本环节入手，能够将实体经济的数字化逐步扩展到全链条。对比消费互联网，产业互联网生态应该是一个经济共同体，各方在生态系统中共同开展经济活动，生态系统也是产业的有机组织和产业命运共同体，因此生态系统要具备一定的组织度，将各参与者的利益和前途紧密联系。产业互联网生态的参与者和构建者包括政府、行业协会、供应商、生产商、销售商、竞争对手、客户等。在产业互联网中，企业内部各部门之间、不同的生产环节之间，以及不同行业领域间的生产协同是一项复杂的工作。此外，数字技术与传统技术需要有机融合，从而促进生产经营活动各环节的互联，使生态系统成为企业竞争的主要着眼点和发力点。

产业互联网应该作为实体经济数字化转型的"头雁"，从数据和应用场景入手，是产业互联网平台推动实体经济数字化转型所采取的主要策略。平台生态系统是产业互联网平台的一种实现形式，可从多个角度看待其性质，例如，从企业的视角看，它是一种新的企业组织形式和企业制度；从商业和创新的视角看，它分别是一种新型商业模式和一种创新体系。平台系统的参与者之间要进行有效协作，实现优势互补，其合作程度会受到多方面因素的影响，包括生态系统所依托的外部环境、参与者之间基于竞争前提下的互动、厂商战略的协调程度等。总的来说，产业互联网更重视不同行业的细分需求和具体应用场景。

　　在产业互联网生态的价值共创中，消费者居于主导地位，上下游企业也参与其中，并在区块链等技术的支持下，形成新型信任机制，构建创新生态系统（如腾讯云启）。腾讯云启包括创业投资、产业基地、孵化加速、大企业创新四大业务板块，各板块之间实现了价值共创共赢，如图 8-3 所示。

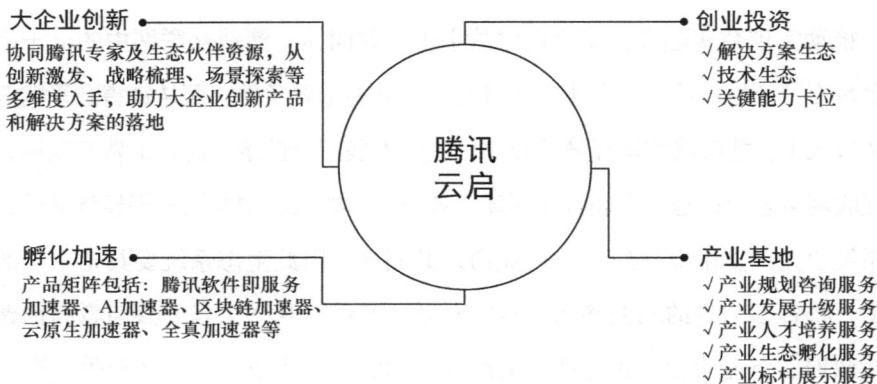

图 8-3　腾讯云启的业务板块

　　产业互联网生态需要一个共同愿景来发挥主导和协调作用，而共同愿景应由生态中的核心企业提出。在共同愿景的指导下，生态系统中的参与者团结协作，实现信息资源的交流共享，能够对生态系统产生强烈的认同感。在核心企业和共同愿景的引领下，生态系统通过价值共创可以开拓新的消费市场，展现生态的进步性和影响力。

　　此外，产业互联网重视连接红利的获取。互联网在生产者与消费者之间建立起连接，改变了两者之间原本的割裂状态，形成了连接红利这种互联网时代的新红利。数字生态组能够连接起生产和消费两端，并且加强研发、生产、销售、消费、售后服务等各个环节的协同，提高供给质量和资源配置效率，进而借助连接红利和跨界协同建立起更好的产业生态。

　　例如，卡奥斯 COSMOPlat 是海尔推出的工业互联网平台，该平台的核心是大规模定制模式，通过与客户建立深度交互，能够将传统的硬件体验模式升级为场景体验模式。除以客户为中心外，卡奥斯 COSMOPlat 还能实现以互联工厂为载体的大规模定制，并基于企业平台化构建开放的生态平台。

第 9 章

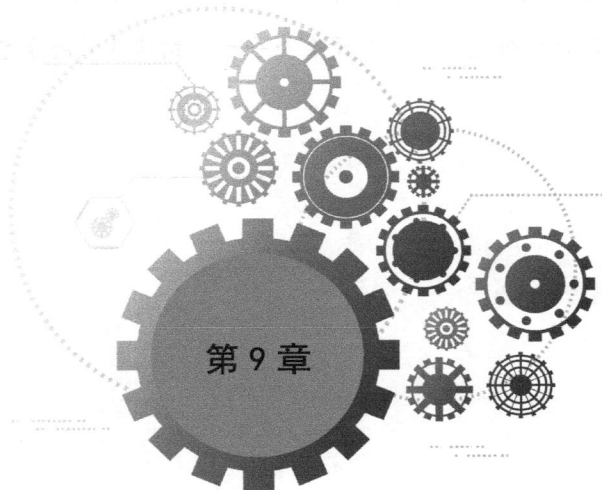

数智驱动：
AI引领企业数字化转型

01 ┃ AI 与数字化转型的关系

2022 年，Open AI 推出了基于大模型的智能聊天机器人 ChatGPT，ChatGPT 在短时间内引发人们热烈讨论，也让 AI 成为人们关注的话题。按照当前的发展情况来看，大模型已经成为 AI 的标志性产物，与蒸汽时代的蒸汽机、电气时代的发电机、信息时代的计算机一样，宣布着技术革命又一次带领我们进入崭新的时代——人工智能时代。作为引领了新一轮产业革命的关键技术，AI 将再一次为人类社会带来颠覆性进步，对生产、分配、交换、消费 4 个环节进行重构，激发经济发展各领域、各链条、各环节上新的消费需求，推动技术、产品、产业创新发展，形成新模式、新业态。

借助数字技术发展所带来的驱动力，AI 与经济产业的融合速度不断加快、融合程度日渐加深，在提质增效与推动产业创新方面的优势进一步凸显。在数字化转型的背景下，AI 成为企业从信息化向数字化、智能化过渡的重要助推器，对企业的转型升级和高质量发展作出了巨大贡献。

2022 年 10 月，国家市场监督管理总局（国家标准化管理委员会）发布 2022 年第 13 号中国国家标准公告，批准《信息化和工业化融合 数字化转型价值效益参考模型》（GB/T 23011—2022）正式发布，这是我国发布的首个数字化转型国家标准。基于此国家标准对数字化转型的定义，可以从两个层面理解数字化转型：其一，数字化转型的过程是由信息化转型到数字化；其二，数字化转型的目的是通过数字化技术实现转型升级，如图 9-1 所示。

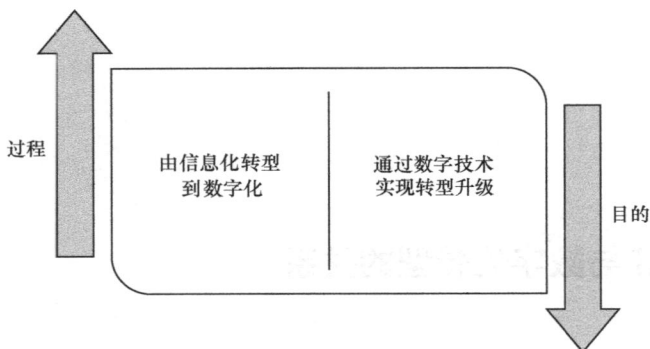

图 9-1　数字化转型释义

对数字化转型的重要主体——企业而言，数字化转型是企业发展战略的重要一环，是实现可持续发展的路径选择；数字化转型的最终目的是实现价值创新，提高全要素生产率，获得更高的经济效益和社会效益；数字化转型的驱动力是数字技术，通过数字技术完成从生产到组织再到市场的各个环节的改造升级。在人工智能时代，AI 的深入运用不仅能够为企业的数字化转型提供新的动力，还可以有效提高企业数字化转型的效率。

（1）数字化转型推动 AI 的进步

数据、算力和算法是拉动 AI 发展的三驾马车。在 AI 的发展过程中，需要借助海量数据进行训练，奠定其"智能"的基础；需要不断研究更高级的算法进一步提升能力，确保其能够处理更加复杂的问题；需要不断研发具有强大算力的计算机，来保证处理问题的体量及其灵敏度。

一般来说，由于研发难度大、条件要求高，AI 应用成本较高。而企业的数字化转型带来了新的技术需求，拉动了 AI 的应用发展：物联网提升了 AI 发展所需数据的采集与传输能力；大数据提升了 AI 的算法支撑能力；云计算则进一步加快了 AI 的计算速度，提升了算法的灵活度。

云计算为当前的企业数字化转型提供了基础支撑，越来越多的企业将运营和管理企业信息技术服务与环境所需的组合组件等向云端迁移。企业云的分布计算能够在短时间内完成数以万计的数据处理，这能够满足AI应用所需要的算力要求。企业在数字化转型过程中对数据进行的统一化、规范化与标准化处理，相当于对数据资源进行筛选，这些筛选后的数据资源在进一步处理后能够为AI提供训练和学习所需要的高质量数据资源。此外，企业数字化转型过程中催生出新的智能化需求，以及新的商业模式和服务形态，为AI创造了更多的应用场景，使未来发展有了更广阔的空间。

（2）AI推动数字化转型的发展

企业的数字化转型要经历信息化、数字化、智能化3个阶段，如图9-2所示。其中，智能化是数字化转型的高级阶段，作为实现智能化的重要技术载体，AI代表数字技术的最高级形态，其发展与数字化转型息息相关。在数字化转型由信息化阶段向智能化阶段过渡的过程中，AI不断加深自身与企业经营各个环节的融合。

图9-2　企业数字化转型的3个阶段

通过与大数据的搭配应用，AI实现了对数据的进一步挖掘，提高了数据资源的利用程度和利用效率，能够进一步简化业务流程，提供更加便捷的客户体验；还能够在庞大的信息流中发现商机，并提出更多的方案辅助决策、对市场动态进行预测等。这些功能提升了企业在运营和发展过程中对信息的处理能力和决策的科学性，帮助企业更好地面对复杂的市场环境，激活新的运营方式与发展模式，并实现对现有市场的重新诠释或创造新的市场。

02 转型路径 1：研发数字化

AI 诞生于科研活动中，又在其发展过程中向科研活动的各个领域渗透，大幅提高了科研效率，促进了原始创新，并在实验科学和理论科学两大基础范式之外催生了新的科研范式——科学智能。

科学智能有望促进实验科学与理论科学的深度融合，为科学界带来新的变革。科学智能将借助数据这一基石，通过机器学习实现理论计算，模拟多种场景，并运用强大的算力处理海量数据，推动科研进程。具体来看，AI 在研发数字化中的应用如图 9-3 所示。

图 9-3　AI 在研发数字化中的应用

（1）数据分析

在科研活动中，长期、大量的科研工作与技术研发实验将会产生海量的结构化数据或非结构化数据。通过传统方式对这些数据进行分析将耗费大量的时间，且难以对这些数据进行有效统计和分析。AI 能够有效解决数据的统计和分析问题，借助机器学习，实现对数据的快速整理和分析，并从数据复杂的相互依赖关系中发现规律，从而找到突破点。

在材料研究领域，"计算＋数据"的材料原创研究方法代替了"文献＋试错"的材料仿制研究方法，对新材料的研究摆脱了以往建立在大量重复人工实验基础上的低效方式，依赖于数据计算，向数字化、高效性方向发展。AI 技术的应用，有利于我们通过机器学习更加鲜明地了解材料创新原理，加快新材料的研发与现有材料的迭代升级，提高研发效率，减少研发过程中的资源消耗。

在生物信息学领域，AI 能够处理大规模和高维度的生物信息数据，建立更加准确的生物模型信息，从而提升研究的准确性和可靠性。同时，AI 大模型具有极强的特征提取能力，能够对基因序列数据进行分析，寻找疾病的遗传标记。

（2）结果模拟与预测

除了对已产生的数据进行分析，AI 还能够通过数据和数学模型实现预测观测对象的发展方式和结果。在气候科学、流行病学、金融经济学等领域，AI 模型获得了较多的应用。

（3）实验设计和自动化

在进行实验设计时，AI 能够预测不同实验设置下可能出现的结果，对实验参数的合理性与科学性进行检验，优化实验方案，减少实验设计不合理造成的时间与资源浪费，提高实验效率。

在新材料研发领域，科学家通过计算机建模和 AI 技术，在输入待研发材料的各项性能参数后，能够根据大数据和基础理论提供候选材料，从而提高材料研发效率，降低材料研发成本。此外，应用 AI 能够实现实验过程中的智能监管，推动"无人化实验室"的建设进程。

在生物医药领域，通过高通量测序技术与机器学习的结合，能够实现对大量对象的平行检测与数据分析，进一步降低对人工操作的依赖程度。

（4）科研资源共享

AI 实现了对科研资源的高效整合，能够打破现实中的地域及资源限制，实现全球资源的流通共享，降低科研资源获取对科研活动的限制。

以当前在网络上广受欢迎的生成式人工智能为例，其通过分析大量的数字化资源产生新的文本、图像、音乐等，以更加直观多元的方式传播知识，通过对话逐渐勾勒出目标研究领域的相关知识框架，让方案设计、科研论文撰写等活动变得更加简单高效。

03 转型路径 2：生产智能化

随着工业生产的数字化转型程度不断加深，AI 被越来越多地应用到工业生产中，在提高生产效率、优化生产流程、实现产品与客户需求的精准匹配等方面发挥着巨大作用。概括而言，生产智能化主要体现为两点：一是生产工艺与生产装备的智能化，二是生产过程的智能化，如图 9-4 所示。

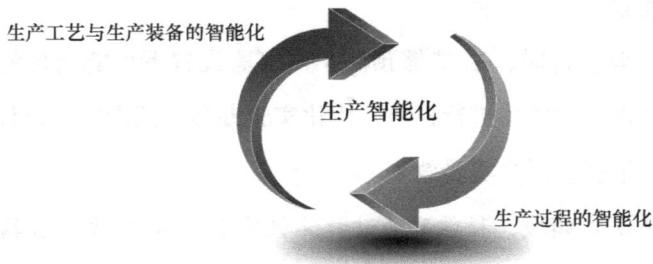

图 9-4　生产智能化的主要体现

（1）生产工艺与生产装备的智能化

生产工艺与生产装备决定着生产的效率和质量，装备是工艺的实施载体，工艺是装备的运行指导，二者相辅相成。生产工艺与生产装备的智能化，即通过对生产装备配置智能机器人、智能设备，实现对生产过程中产品组件的分拣、装配、焊接、搬运等工序的智能改造，降低生产对人工的依赖，降低人工成本。当智能机器人研究和使用普及到一定程度，甚至可以实现无人工厂生产模式，从而引发生产活动质的变革。

在工艺智能化方面，在进行产品制造时一般会将机理模型与数据驱动模型进行结合，实现自主学习进化与对生产过程的智能决策控制，其中，AI技术是数据驱动模型的技术基础。此外，通过各类传感器的接入与传感技术的应用，能够使生产线上的人机配合成为可能，智能机器人对各种生产环境和生产流程的高适应性，可以让生产活动更加灵活高效，满足大规模定制化生产的要求。

在装备智能化方面，对生产设备的预测性维护也是AI应用的重点。通过实时获取设备运行过程中产生的各项数据，并利用特征分析和机器学习技术对数据进行分析，能够对出现的异常及时作出反应。一方面，通过设备故障预测，在事故发生前做出行动，为维修人员争取反应时间，降低非计划性停机概率，减少损失；另一方面，通过对机器的运行监测与故障预测，能够在设备突发故障后及时排查出原因，快速完成设备的维修工作，缩短维修时间，降低设备故障对生产造成的影响。

此外，结合机器学习与计算机视觉技术，人工智能系统能够实现对生产线上产品的即时检测，精准地解决每一个产品存在的问题，确保产品质量。通过对生产过程中的数据进行分析，对可能造成质量问题的误差进行修正，能够从源头上杜绝产品出现质量问题。

（2）生产过程的智能化

生产过程的智能化是指通过智能技术与管理流程的融合，优化生产过程管理，对资源进行最优配置、统筹生产任务、实时调整物流调度、对生产过程的各个环节进行精细化控制，以实现时间和资源的最大化利用，降低损耗，节省成本。

在生产计划环节，通过对不同生产环节的数据（如销售历史数据、供应链结构数据、产品价格数据等）进行收集分析，有利于把握市场需求，综合多种因素制订最合适的生产计划；而基于具有高灵活度与强适应能力的生产线与易操作的智能控制系统，企业能够更好地满足客户需求，实现产品与客户要求的精准匹配。

在企业供应链管理方面，通过对大量数据的分析建立精准的需求预测模型，预测企业下一阶段的销量、生产备料情况，以制订合理的采购计划；通过需求预测对各种原料库存进行精准补货，避免出现库存紧缺或采购过量情况，同时选择最合适的供应商与零部件；通过对供应链上的各个环节进行监测，第一时间获取各项信息，实现信息的高效迅速传递，优化供应链，从而更好地实现物流管理、供应链金融管理等。

04 转型路径 3：经营一体化

一些集团型企业由于规模大、分支企业多、业务领域广，每天都有海量的组织管理信息汇集到管理层等待处理。为了更好地掌握企业经营情况，保障企业经营的平稳性，防范风险，需要对企业实施一体化管理。

随着企业数字化转型的推进，企业组织的各个层面都将引入信息管理系统，并通过汇总系统数据资源形成企业内部数据的共享，或通过整合数据库及数据中台实现业务数据的共享，让企业各部门、子公司等之间的协同更加高效，资源调取更加便捷，从而提高管理效率。此外，通过集中建设人力资源共享中心和财务共享服务中心，能够更好地配置企业经营过程中的资源，实现经营管理的透明化。

（1）智能财务和智能人力

财务共享服务中心和人力资源共享中心的建设，能够帮助企业进一步明确业务分工、规范业务流程，而明确的部门分工、清晰规范的组织结构及集中式的管理，可以为AI提供多元化的应用场景。在制定统一标准后，企业通过应用AI大模型、RPA等技术，能够实现机器对大规模重复工作的自动化执行，提升任务处理的效率与准确性，降低企业管理过程中可能出现的风险。

在财务共享服务中心方面，AI技术的应用可以智能化地对多元异构的财务数据进行处理，提高财务工作的运行效率，精准预测可能出现的财务风险，并为企业的财务决策提供支持。在人力资源共享中心方面，AI技术在人员招聘、绩效考核、人员培训等方面都发挥着巨大作用，例如，在人员招聘环节，能够根据企业的招聘要求完成对简历的初步筛选，并自动发送通知邮件；在绩效考核环节，能够对员工的绩效数据进行分析，按照考核标准完成初步评级；在人员培训环节，能够根据企业员工的整体工作数据提供培训建议，制订培训计划。

（2）商业智能

商业智能（BI）是一种通过对大量数据进行分析以辅助决策的工具。传统的BI主要面向企业内部的业务数据，通过利用数据仓库、数据可视化与分析技术处理企业内各个系统的数据，并将这些数据转化为能够反映企业整体经营状况的信息，辅助企业进行决策。随着经营管理一体化模式在企业中逐渐普及，智能BI诞生。智能BI融合了AI与BI，能够实现对大数据的分析和理解，从中获取有效信息，并进行有价值的知识转化，从简单的数据分析工具转变为集信息转化、预测分析、智能决于一体的高端决策工具，主要价值体现为以下4点。

• 扩大数据的处理范围，使文字、图表、图像等多源异构的数据均能够被自动处理，从而提升BI决策的准确度和效率。

• 丰富BI的人机交互模式，实现BI的智能化改造，让其在使用体验、分析能力和处理能力方面获得巨大提升。

● 提升决策的自动化程度，当 BI 挖掘出数据中有价值的信息后，AI 既可以自动生成决策，也可以将其梳理为多个可供选择的决策。

● 提升决策的精准化程度，BI 对海量数据的分析处理能力能够为 AI 模型提供高质量的训练样本，促进 AI 模型的升级，提升 AI 模型的预测准确度。

05 转型路径 4：服务敏捷化

随着市场需求不断丰富，流通渠道进一步增多，商品供给、商品赊销、商品价格等信息也在不断变化。面对这种情况，AI 成为企业掌握市场情况、灵活应对市场变化的得力助手，可普遍应用于市场预测、精准营销、智能客服等方面。

（1）市场预测

传统的市场预测分析使用的模型往往根据统计学方法和经营规则建立，所收集的数据有限且可能受到政策环境变化等因素的干扰，难以实现对数据逻辑的深入挖掘，在准确性与稳定性方面的表现不甚理想。而 AI 通过大数据分析平台和机器学习算法，能够实现对市场数据的自动识别和分析，扩大了数据收集的范围，所建立的模型预测准确性更高，同时能够深入挖掘数据背后的市场逻辑，实现市场未来走势预测，从而开辟新的市场模式。

AI 还能够灵活地对市场环境作出反应，捕捉数据变化中蕴含的市场波动信息，并进行自我学习，对预测分析模型进行优化调整，提升预测分析模型对市场环境的适应性，为企业发展和决策提供更多参考。此外，AI 预测分析模型还具有较强的风险规避能力，通过分析历史数据和市场信息，能够快速识别当前市场环境中的潜在风险，并提供解决方案。

（2）精准营销

AI 能够深入挖掘客户需求，结合客户的喜好进行定向销售。通过分析客户的消费数据，如购买历史、购买偏好、常用搜索词等，可以对客户进行分类，描绘出准确度较高的客户画像，对客户需求进行预测，并生成营销方案，开展个性化推荐，根据客户的消费习惯和消费周期，为不同的客户推荐产品，提升销售的转化率，从而实现更高的市场占有率，获取更大的市场竞争优势。

（3）智能客服

基于 AI 的虚拟助手和客服机器人正代替人工客服为客户提供全天候、迅速精准的服务。借助语音识别、自然语言处理、自然语言大模型技术，机器人能够分析客户想表达的意思，按照学习模型给出解决方案，并进行回应。这一方面使大量基础性重复问题直接由机器解决，大幅降低人工客服的参与度；另一方面也能够为客户提供一对一的快速问题解答，做到实时在线服务，以提升客户满意度，增强客户黏性。

此外，语音识别、人脸识别等技术让机器人在与客户进行对话的过程中不但能够理解其语言表达的意思，同时还能够实现对其情绪的捕捉，了解客户深层次的需要，并及时作出反应，为企业提供改进方向。

06　转型路径 5：产业生态化

（1）促进企业合作

企业的数字化转型不仅需要企业内部各环节的数字化建设，还需要在企业之间建立连接，形成协同共进的产业体系。共建数字化协作平台是当前企业之间进行合作的主要方式，在这个过程中，AI 能够起到纽带作用，提高产业链的灵活性和抗风险能力。

根据产品的材料供应、生产、流通、售后服务这一生命周期，传统产业链可以被划分为不同的环节，每个环节都有固定的组织模式与要素资源。而 AI

技术的应用则改变了这种情况，通过整合各个环节的数据，能够促进信息和资源在产业链上的流通，使产业各环节之间加强融合与协同，进一步优化时间和资源配置，让供需匹配更加精准高效，对市场环境的适应性更强。同时，这还能直接促成各需求方的直接合作，为企业协同创新提供了良好条件，促进了良性竞争，推动了产业可持续发展。

（2）促进跨界融合

AI 在传统行业中的应用不仅能够推动某一行业的发展，也可以推动行业间的交叉融合，从而对整个产业体系产生巨大影响。

AI 技术强大的资源整合能力能够促进行业之间的信息交换与资源共享，凸显更多的行业融合点，催生新的需求与解决方案，孕育价值创新因素。例如，各大厂商推出的智能家居实现了移动终端、家用电器和 AI 技术的融合，推动了移动设备制造产业、家用电器制造产业的融合。这种跨界融合创新了产业之间的组合方式，为传统产业的发展注入了新活力。

数字经济的发展与 AI 技术的应用相辅相成，将共同推动我国现代化经济体系的建设。一方面，数字经济的发展能够为 AI 技术提供多元化的应用场景，推动 AI 技术的迭代升级；另一方面，AI 技术能够为企业的数字化转型提供助力，为研发、生产、运营、售后等生命周期各个环节的数字化改革赋能，并最终驱动企业由数字化到智能化的升级。

第四部分

新型工业化篇

第 10 章

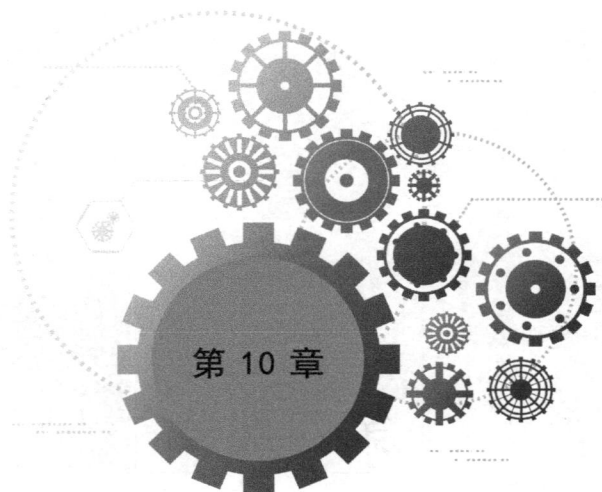

新型工业化：
加快形成新质生产力

01 / 新型工业化的特征与内涵

　　工业是社会分工发展的产业，也是把农产品、半成品、自然资源等制造成生产资料和生活资料的主要环节。工业化就是利用机械化手段进行大规模的物质产品生产，同时也是社会走向现代化的过程中不可或缺的环节。就目前来看，我国已经具备独立、完整的工业体系和国民经济体系，以及世界上门类最全、规模最大的工业体系。根据国家统计局提供的数据，2023 年中国 GDP为 126.06 万亿元，其中第一产业占 7.10%，第二产业占 38.30%，第三产业占54.60%，如图 10-1 所示。

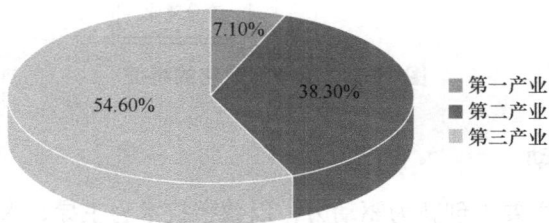

数据来源：国家统计局。

图 10-1　2023 年三大产业在 GDP 中的占比

　　我国在推进工业化的过程中，不仅要遵循世界工业化的一般规律，还要从自身国情出发，充分发挥优势，探索出一条符合我国实际情况的发展模式，坚持走中国特色新型工业化道路，主动适应新的时代发展趋势，并体现出新的时代特征和内涵。具体来说，中国特色新型工业化道路深度融合了信息化和工业化，能够使二者之间互相协调、互相支撑、互相促进，新型工业化具有科技含量高、经济效益好、资源消耗少、环境污染少、人力资源利用率高等特点。

新型工业化是一种以技术创新为主要驱动力的高质量工业化发展模式。在推进新型工业化的过程中，我国应深入贯彻新发展理念，了解并落实高质量发展要求，以制造业的高质量发展为基础，加快建设制造强国。新型工业化主要具备以下 5 项特征，如图 10-2 所示。

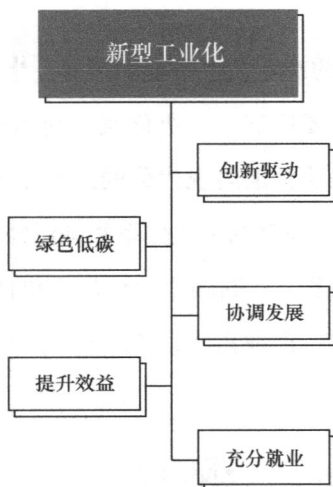

图 10-2　新型工业化的特征

（1）创新驱动

新型工业化需要以创新为驱动力，以数字技术为主导，大力发展和应用人工智能、信息通信、区块链、新能源和新材料等技术，通过科技创新推动工业高质量发展，提高我国工业在全球产业链中的地位。

为了实现工业高质量发展，我国需要扎实推进高水平科技自立自强，将其作为国家发展的重要战略支撑，并坚持"四个面向"，实施创新驱动发展战略，将科技作为第一生产力，将人才作为第一资源，将创新作为第一动力，逐步完善创新体系，落实科技强国战略。

（2）绿色低碳

新型工业化需要以新发展理念为指导，大力研发绿色技术，并将其应用到工业领域中，不断强化绿色发展能力，推动工业向创新、协调、绿色、开放、共享的方向发展，打造绿色低碳的中国特色新型工业化道路。

从实际操作来看，我国在整个工业生产过程中都应贯彻落实绿色发展理念，鼓励工业领域的企业使用绿色低碳技术，创新绿色低碳发展模式，开发绿色低碳产品，提高工业生产全产业链及产品全生命周期的绿色化程度，进而实现工业发展与自然生态和谐共生。

（3）协调发展

我国全面推进经济建设、政治建设、文化建设、社会建设和生态文明建设"五位一体"的总体战略布局，解决中国特色新型工业化、信息化、城镇化和农业现代化四者之间互动不足，以及各个区域之间工业化水平发展不平衡的问题，整体提升工业化水平，加快推进新型工业化，实现"四化"协调发展。

如今，以 5G、AI、大数据等为代表的新一代信息技术逐渐被应用到生产、分配、交换、消费等多个环节中，数实融合逐渐成为新型工业化建设的重要方向。

（4）提升效益

在推进新型工业化的过程中，我国应在保证工业生产质量和效益的基础上发展经济，并进一步优化结构、扩大规模、提高效率，推动经济发展向集约型方向转变，采用质量效益型的经济发展模式，同时强化自身在技术、标准、品牌等方面的优势，并充分发挥科技的作用，提高劳动生产率和全要素生产率，持续推动实现质的有效提升和量的合理增长，全方位推动经济社会发展。

（5）充分就业

中国特色新型工业化道路需要借助人力资源方面的优势为工业发展提供支持。从实际情况来看，在推进新型工业化的过程中，我国可以创造大量技能型工作岗位，提供更多的就业机会，让更多人享受到工业发展成果。这也有助于平衡就业岗位和劳动力之间的供求关系，提升劳动技能水平，创造人才红利，使人才从劳动密集型向专业技能型转变，满足数字经济时代的劳动力需求，助力我国工业实现高质量发展。

02 新质生产力与新型工业化

为了全面建成社会主义现代化强国，我国需要加快推进实现新型工业化的进程，并构建现代化经济体系，通过科技创新形成新质生产力，实现高水平科技自立自强，获取新的市场竞争优势。新型工业化与新质生产力之间关系密切，具体体现在以下 4 个方面，如图 10-3 所示。

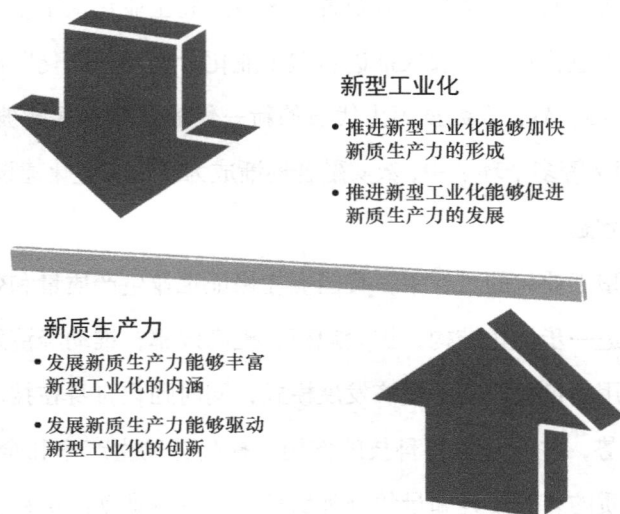

新型工业化
- 推进新型工业化能够加快新质生产力的形成
- 推进新型工业化能够促进新质生产力的发展

新质生产力
- 发展新质生产力能够丰富新型工业化的内涵
- 发展新质生产力能够驱动新型工业化的创新

图 10-3 新质生产力与新型工业化的关系

（1）推进新型工业化能够加快新质生产力的形成

在新一轮科技革命和产业变革的背景下，我国正在不断加快经济发展方式的转型速度，着手布局各个前沿领域，发展关键性和颠覆性技术，积极推进新型工业化，形成新质生产力，在技术层面为未来的产业发展提供支持。就目前来看，我国应把握技术发展和创新带来的机遇，推动传统生产力转化为新质生产力，抢占发展先机，培育、强化并发挥自身的竞争优势。

现阶段，我国在工业领域的自主可控能力仍需提升。我国需要在继续保持产业体系完整性的基础上，进一步推进新型工业化，增强自身在科技等方面的自主创新能力，并利用各类新技术升级产业链和供应链，提高二者的韧性和安全性，改变自身在全球产业分工中的地位，提升自身在国际市场中的竞争力。

（2）推进新型工业化能够促进新质生产力的发展

工业是社会的物质生产部门，也是第二产业的主要组成部分，各个国家都需要借助工业来推进经济建设，拉动经济增长，促进技术创新，强化自身实力。

我国应加快推进新型工业化、形成新质生产力，在物质和技术两个层面为全面建成社会主义现代化强国提供支持。具体来说，我国需要在推进新型工业化的基础上进行颠覆性科技创新，推进两化融合，提高工业制造的先进化程度，充分发挥实体经济的支撑作用和数字经济的驱动作用，打造现代化产业体系。

（3）发展新质生产力能够丰富新型工业化的内涵

为了实现新型工业化，我国需要通过科技创新赋能制造业的发展，推动制造业向高端化、绿色化、数字化和融合化的方向发展，并在科技创新的作用下形成新质生产力。新质生产力以科技创新为主导，通过打通关键性和颠覆性技术创新堵点的方式来培育和发展新质生产力，并借助新质生产力推动传统产业转型，助力战略性新兴产业和未来产业的发展，同时强化技术的支撑作用，实现高效率、高质量的生产制造和服务，借助新技术、新工艺、新设备实现经济集约型增长。

从实际操作来看，我国需要深入贯彻落实创新驱动发展战略，加大对各项关键性和颠覆性技术的研究力度，强化国家战略科技力量，推动科技创新与产业创新深度融合，通过新质生产力驱动经济社会高质量发展。

（4）发展新质生产力能够驱动新型工业化的创新

工业制造业的科技创新活动具有活跃度高、成果丰富、应用集中、溢出效应强等特点，能够形成新质生产力，工业制造业借助新质生产力能够实现快速发展。为了推进新型工业化，我国需要强化高水平自主技术要素供给，推动科技自立自强，加大对新一代信息技术、生物技术、新能源和新材料等方面的研究力度，攻克关键共性技术，掌握前沿引领技术。

我国应充分发挥科技创新的主导作用，大力发展新质生产力，并利用新质生产力来推进新型工业化。新质生产力涉及新技术、新要素和新产业，既能够提高我国的工业技术水平和产业发展水平，也能够为新型工业化建立新的产业竞争优势，打造新的经济增长点，进一步提升我国的工业化水平。

03 新质生产力赋能新型工业化

新质生产力是我国经济高质量发展的重要着力点，是我国在国际竞争中获得战略主动权的关键。为了充分发挥新质生产力的作用，为新型工业化赋能，我国需要从新质生产力的本质出发，充分把握发展规律，推动技术发展，构筑先发优势，并将数字技术应用到工业制造业中，通过科技创新来驱动产业创新，革新产业模式，获取产业发展新动能，推进新型工业化，促进经济高质量发展。总体来说，新质生产力对新型工业化的赋能主要体现在以下 3 个方面。

（1）新要素驱动

随着生产要素的变化，技术逐渐成为影响生产方式和经济发展的重要因素。从发展历程来看，生产方式的变革依次经历了手工制造、机械生产、电子计算与自动化生产、智能化和数据驱动生产 4 个阶段，且每个阶段的生产方式革新都与科技创新有关。进入"工业 4.0"时代后，技术应用的节奏日渐加快，工业制造业领域逐渐实现了智能制造。

新质生产力与新型工业化之间存在协调统一的关系，都能够在我国的经济发展中发挥重要作用。培育和发展新质生产力有助于推进新型工业化，促进经济社会高质量发展。

（2）新产业布局

科技创新是培育和发展新质生产力的关键，新质生产力是推进新型工业化的核心驱动力，能够为我国工业制造业的发展提供新动能，建立新优势，催生新产业，进一步提高我国制造业的创新能力，扩大制造业规模，优化现代化产业体系，促进新型工业化实现内涵式发展。

我国应充分发挥新质生产力的驱动作用，创新发展战略性新兴产业和未来产业。从实际操作来看，一方面，全方位提高产业自主创新能力，加大产品自主研发力度，加强科技创新，打造自主可控的科技创新系统；另一方面，通过场景创新来扩大市场规模，创造更多契合客户需求的场景，让客户的消费体验更好。具体来说，在培育和发展新质生产力的过程中，应加大研发投入力度，促进产业链与供应链相融合，提升二者的韧性和安全性，并不断获取新的生存资源，探索新市场。

就目前来看，我国的消费品市场正处于转型发展阶段，消费模式的个性化程度越来越高，场景的驱动作用也日渐突出，新场景、新品类和新赛道层出不穷，我国科技领先企业应充分发挥场景丰富性强的优势，把握发展机会，获取更多发展资源。

（3）新系统保障

新质生产力为推进新型工业化提供了助力，应充分发挥新质生产力的作用，加快建设制造强国、质量强国、网络强国、数字中国，推动工业实现高质量发展。

2023 年 4 月，中国信息通信研究院发布《中国数字经济发展研究报告（2023

年）》，报告数据显示，2022 年，我国数字经济规模高达 50.2 万亿元，同比名义增长 10.3%，其中，第一产业、第二产业、第三产业的数字经济渗透率分别为 10.5%、24.0%、44.7%。由此可见，新质生产力具有十分广阔的发展空间，我国需要为技术创新提供系统化的保障方案，以确保新质生产力稳定发展。

在新质生产力的培育方面，我国应发挥政府的职能和主导作用，充分把握市场经济发展规律，增强科技战略力量，在政府部门之间建立联系和协调机制，提高中央与地方之间的协同性，带动各个主体积极参与创新，如企业、高校、科研机构、金融机构等，并进一步提高制度、政策和环境之间的耦合性，从整体上加强技术创新、产品升级和生态优化，同时确保产业基金投入的精准性，大力推动战略性新兴产业和未来产业快速发展，以链长制推动产业链协同创新，为新型工业化的发展提供强有力的支持。

国有企业是国家创新体系中不可或缺的一部分，绝大多数国有企业具有科技基础稳固、创新资源丰富等优势，能够从技术、需求和商业模式入手，推动产业发展，优化产业生态，增强我国产业的核心竞争力。除此之外，我国企业还需要在生产和经营管理方面进行创新，建立新型机制体制，并在此基础上调整组织结构，重塑组织流程，建立内部研发部门，为各项技术创新工作提供充分的保障。

04 实施新型工业化的路径选择

新型工业化是一种以全面创新为发展理念的工业发展模式，既能够提高产量和生产效率等传统工业要素，也能够有效强化各项非物质资产，如人才、知识产权、品牌价值、创新能力等，进而实现对工业价值创造的全方位优化调整。

智慧工厂是新型工业化中的一项重要内容，将大数据分析和云计算等新技术应用到智慧工厂建设中，通过机器和人工智能进行工业生产，能够提高工业制造业的数字化程度，强化自身产业的智能化水平，提升整体竞争力。

近年来，全球各国的经济发展形式都在不断变化，复杂程度越来越高，科技、经济、体制、环境等正在加速变革，新型工业化逐渐成为我国经济发展和实现工业现代化的关键。为了实现工业制造业高质量发展，我国必须积极开展科技创新和产业创新，大力推进新型工业化，并在此基础上助力经济转型升级，打造现代化产业体系，增强自身在经济方面的核心竞争力。

进入新时代，在推进新型工业化的过程中，我国还需要为产业转型升级、技术创新和产业生态发展提供支持，并优化经济结构和产业布局，调整经济增长方式；还要充分发挥政策和市场的指引作用，将创新作为产业发展的重要驱动力，全方位贯彻落实产业升级和振兴战略，积极推进两化融合，加快新型工业化实现的速度。实施新型工业化的路径可以从以下4点切入，如图10-4所示。

加强技术研发和创新能力
• 增加创新资源投入
• 拓宽技术创新渠道
• 加强科技人才培养

优化资源配置和产业结构升级
• 加大环保力度，减少资源浪费
• 推动传统产业升级
• 为新兴产业的发展提供支持

拓宽市场开放和国际合作
• 加强国际经贸合作
• 参与国际合作项目
• 加强与国际先进企业及高等院校之间的合作

培养人才和提高劳动力素质
• 大力培养并适当引进高水平人才
• 提升劳动者素质
• 扩大人力资源市场

图10-4　实施新型工业化的路径

（1）加强技术研发和创新能力

技术研发和创新在发展新型工业化的过程中发挥着不可或缺的驱动作用。随着第四次科技革命持续推进，各种新兴产业层出不穷，而无论传统产业还是新兴产业，都离不开技术的支撑，可以采取以下3项措施来促进技术研发和创新。

• **增加创新资源投入**。加大对技术创新的投入力度，为企业在技术和产品的自主研发方面的各项活动提供支持，为企业、高校、科研机构等组织之间的合作提供便利。

●**拓宽技术创新渠道。**积极总结国内外的相关经验，引进国外先进技术，支持企业与高校、科研机构等组织就创新项目展开深度合作，提高技术创新效率。

●**加强科技人才培养。**大力培养并适当引进科技人才，完善科技人才激励机制，为科技人才提供良好的薪酬待遇，提升新型工业化领域对高水平科技人才的吸引力。

（2）拓宽市场开放和国际合作

就目前来看，世界各国在经济上不仅存在竞争关系，还可以实现合作共赢。为了发展经济，各国均需要充分认识到国际合作的重要性，加强与其他国家的合作交流，通过合作的方式来扩大市场，为新型工业化提供更大的发展空间，学习先进的技术和经验，助力自身推进新型工业化。具体来说，可以采取以下3项措施来扩大市场规模，提高市场占有率。

●**加强国际经贸合作。**积极参与国际经济体系的规则制定和修改，争取国际经贸合作的主动权，优化国际投融资环境。

●**参与国际合作项目。**为项目落地提供支持，以国际合作的形式完成研发、生产和销售等工作；优化国际市场布局，增强自身的国际竞争力。

●**加强与国际先进企业及高校之间的合作。**积极学习国际先进技术、经验和管理模式，提升我国企业在国际市场中的竞争力。

（3）优化资源配置和产业结构升级

就目前来看，为了推进新型工业化，应持续优化资源配置，不断调整产业结构，对传统产业转型升级。具体来说，在优化资源配置和产业结构升级方面，可以采取以下3项措施。

●**加大环保力度，减少资源浪费。**在推进新型工业化的进程中，应加大对环境保护问题的重视程度，节约各项资源，尽可能使用绿色清洁能源，并采用绿色化、可持续的生产工艺。

● **推动传统产业升级**。通过技术改造、创新研发等方式可增强传统产业的技术性，通过技术手段改造传统产业可为传统产业赋能，推动传统产业转型升级。

● **为新兴产业的发展提供支持**。在政策、资金和技术等方面为新兴产业的发展提供支持，为新兴产业制定阶段性发展策略，鼓励企业投身新兴产业发展。

（4）培养人才和提高劳动力素质

人才和劳动力是影响新型工业化发展的重要因素，为了更好地推进新型工业化、增强国家整体竞争力，应加大人才培养力度，提升劳动力的素质水平。具体来说，在人才培养和劳动力素质提升方面，我国可以采取以下 3 项措施。

● **大力培养并适当引进高水平人才**。建立健全人才培养制度，优化完善人才培养计划，加大对创新型人才和跨学科人才的培养力度，并根据实际情况引进高水平人才。

● **提升劳动者素质**。通过技能培训、高职院校专业培养等方式来提高职工的技术水平、管理能力和创新能力，建立具备较强专业技能的高素质职工队伍。

● **扩大人力资源市场**。提升自身的就业市场调控能力，丰富人力资源的供给渠道，支持企业采取多元化用工模式，以固定用工和灵活用工相结合的方式充分鼓励和支持劳动者就业，促进员工多元化发展。

第 11 章

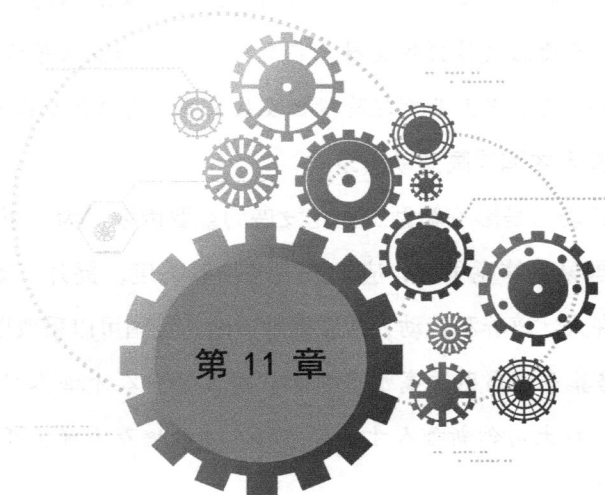

智能制造：
新型工业化的关键基石

01 智能工厂：工厂车间数字化

理解智能制造，首先需要对智能工厂有准确的认识。仅具备一些工业机器人及自动化生产线的工厂并不是真正意义上的智能工厂。智能工厂要实现生产过程的可视化、自动化、精益化及透明化，而且产品检测及质量检测等也要在生产过程中完成。与此同时，一个智能工厂内部的车间之间要实现高度协同，信息、物料、人力等资源能够根据不同车间的生产任务进行智能化及自动化配置，做到各环节有机衔接和整体协同。

部分制造业企业在内部建立了生产指挥中心，通过生产指挥中心实现对工厂的统一调度，及时反馈并处理生产过程中遇到的各种问题，而智能工厂对这种要求更高。智能工厂需要制造执行系统（MES）、产品生命周期管理（PLM）系统、企业资源计划（ERP）系统、客户关系管理（CRM）系统及供应链管理（SCM）系统等多种信息系统提供强有力的支撑。

通常来说，一个生产车间内会同时具备多条生产线，而这些生产线生产的可能是具有上下游装配关系的零部件，或者同种品类、不同型号的产品。打造智能工厂，必须对设备运行状态、产品质量、物料损耗、生产状况等方面的数据进行实时搜集并分析，从而更加科学合理地调整生产方案。

因此，引入 MES 则尤为关键。MES 可以被视为车间中的综合管理系统，对于提高企业资源利用效率、优化产品品质、实现产品生产加工过程的溯源具有十分积极的影响。需要注意的是，MES 也适用于采用离散制造模式的企业，不过如果企业先采用 MES，然后再打造智能生产线，就必须升级现有的 MES。

在智能工厂中，ERP 系统的主要作用之一就是为工厂内部的多个车间制定生产方案。而 MES 则需要针对 ERP 系统制定不同车间的生产方案，为其配置物料、人力、设备等资源。作为企业级实时信息系统，MES 能够使工厂车间实现高效率、低成本的协同作业。

目前，我国 MES 市场需求十分旺盛，西门子、通用电气、罗克韦尔、施耐德电气等自动化头部企业纷纷推出了各自的 MES 软件平台；思爱普、Epicor、甲骨文等管理软件开发商则推出了各种 MES 软件；艾普工华、兰光创新、明基逐鹿、广州速威、浙大中控等企业也在积极布局 MES 市场。

除了上述提到的智能制造系统，进阶生产规划及排程系统（APS）也受到制造业企业的广泛关注，该系统能够根据实际产能对生产资源进行优化配置。德国 FAUSER 公司开发的 JobDISPO APS，日本 Asprova 公司推出的 Asprova APS，以及国内的安达发、易普优等企业推出的 APS 解决方案等，在市场中已经建立起一定的领先优势。需要注意的是，APS 对设备产能及工时等基础数据的精准性有着极高的要求。

和数字工厂相比，智能工厂尤其注重生产、装配、质量等环节数据采集的自动化及智能化，能够实时精准分析采集到的数据，实现 PDCA 循环[1] 管理。不过，对于智能工厂来说，数字化制造技术具有十分重要的意义，它可以让企业根据产能实现车间设备的合理布局，提高车间生产效率，以及车间工人作业的舒适度。此外，信息技术是智能车间得以落地的重要基础。指令下达、设备运行状态、工件各项参数、生产线及装配线信息搜集等，都需要信息技术的有力支撑。

1　PDCA循环是将质量管理分为计划、实施、检查、处理4个阶段。这4个阶段互相联系，不断滚动循环。

02 智能装备：工业设备数字化

从最初的传统机械装备升级为数控装备，再到当下各大制造业企业正在努力探索的智能装备，制造装备的发展经历了漫长的时期。实时在线检测是智能装备具有的一大优势，这使企业可以更精准地修正产品生产过程中出现的问题，提高机械加工的精准度，对各项参数进行优化调整。

绝大多数精密设备对加工环境有着极为严格的要求。而智能装备的出现，则能够使企业在加工过程中实时调整加工工件的部分参数，大幅降低了对加工环境的要求，有望打破诸多精密设备产品被海外头部企业主导的不利局面。

能否实现机器对机器（M2M）是区分产品是不是智能装备的有效手段。这需要产品能够接入互联网，具备开放性的数据接口。从这一角度来看，很多人认为的"三维打印机是智能装备"的观点是错误的，事实上它仍属于数控装备的范畴。例如，马扎克（MAZAK）开发出的智能机床拥有机床干涉、加工热变位、工作台动态平衡、语音导航、维护保养、主轴监测等诸多功能，能够在工件加工过程中，对自身的运行状态进行监测，并及时反馈给工程师，在有效提升加工效率及质量的同时，也延长了机床的使用寿命。

部分智能装备还具备自动上下料的功能，有的装备制造企业会为客户开发专业的计算机辅助制造（CAM）软件。例如，（德马吉森精机 DMG MORI）开发的复合加工中心 LASERTEC 65 具备增材制造及切削加工功能，能够借助以激光堆焊为支撑的增材制造工艺，高效地加工毛坯；通快（TRUMPF）推出的激光切割加工中心能够进行三维切割，而且同一激光源可以被多台激光加工中心共同使用。

普通的工业机器人，如果仅是按照系统指令进行搬运、焊接、喷涂及切割等操作，则不属于智能装备。而融入机器视觉技术，能够自行识别加工工件，具备自动避让、自行装配等功能，甚至实现人机协作的工业机器人，则可被称为智能装备。例如，ABB 公司推出的全球首款实现人机协作的双臂机器人 YuMi，YuMi 是智能工业机器人的典型代表，在工作过程中，不但能够很好地配合工人作业，而且十分人性化，当工人不小心触碰到它时，它会自行降低速度，甚至停止运行，充分保证工人的安全。

03 智能研发：研发流程数字化

很多制造业企业在产品研发过程中，虽然采用了计算机辅助设计（CAD）、电子设计自动化（EDA）、计算机辅助工程（CAE）等各种工具软件，以及 MES、PLM 系统等，但从实际情况来看，对于这些软件及工具的应用，大部分企业仍处于初级阶段。具体表现在以下 4 个方面。

● 企业同时使用二维 CAD 及三维 CAD 软件，而且存储的相关文件主要以二维为主，不具备全三维设计能力。

● 虽然应用了仿真技术，但没有充分发挥出其价值，如为制定设计方案提供支持等。

● 在应用 PDM 系统的过程中，企业未能建立通用件库，产品数据的重复利用率还不够高。

● 制造及服务的物料清单（BOM）管理未能实现精细化及智能化。

在开发智能产品的过程中，制造业企业需要做到以下 4 点。

● 实现机械、电气及软件开发等多学科之间的高度协同。

● 借助仿真技术，并打造虚拟数字化样机，从而缩短产品研发周期。

● 实现标准化、模块化，为充分满足客户的个性化需求打下坚实的基础。

●将实验管理和仿真技术进行有效融合，提升仿真实验的科学性及有效性。

目前，一些流程制造业企业正在积极尝试引入化验室信息管理系统（LIMS）及 PLM 系统等，实现对配方管理、工艺管理及流程管理等的精准控制。PLM系统不仅涉及前端的需求管理，而且对后端的工艺管理也有着较高的要求。例如，西门子推出的 Teamcenter Manufacturing 系统能够实现生产工艺的结构化。

在产品研发领域，智能研发软件系统的应用成为智能研发的一种重要标志。例如，Geometric 开发的 DFMPro 软件能够自动判断三维模型的工艺特征是否支持制造、装配及拆卸等；Moldflow 公司开发的工具软件 CAD Doctor 可以对三维模型中的问题进行自动分析并及时反馈。利用互联网实现供应商、客户和合作伙伴之间的协同作业，也是一种前景十分广阔的智能研发应用形式。例如，Altair 公司的拓扑优化技术能够在保证产品功能的基础上，有效降低生产成本。

在产品的概念设计阶段，系统仿真技术的应用将对产品性能的分析及优化发挥十分积极的影响，目前，武汉天喻软件公司已经开发出系统仿真平台。

此外，为了提高产品的设计效率，索为高科与金航数码达成战略合作，共同开发出服务于飞机起落架及机翼等大型零部件的设计系统，这同样是一种智能研发的典型应用；达索系统公司倡导的"3D Experience"（三维体验）理念，能够为产品研发过程中应用 AR/VR 技术提供有效的落地方案。

04 ▍ 智能决策：企业运营数字化

企业在运营及管理过程中会积累大量的数据，很多企业高度重视库存、客户、产量、设备、成本、回款、合同、投资、费用、交付周期等核心业务数据，而且由于这些数据多为结构性数据，搜集及分析成本相对较低。在智能决策领域，业内人士将这种数据应用模式归为 BI 技术范畴。

从技术角度上分析，BI 技术的实现需要有较强的内存计算基础。移动 BI 是未来 BI 软件的一大主流趋势，能够让客户在智能手机、平板计算机、可穿戴设备等移动智能终端中对数据进行处理及应用，当然，云服务作为一种基础技术可以为其提供强有力的支撑。

与此同时，企业还可以通过对这些数据进行分析，来得到其他衍生数据，例如 KPI 数据，以借此了解是否能够完成预期目标，而且对 KPI 数据进行分解，还能实现对部门及员工的考核，进一步掌握企业运营成果及成效，及时发现企业运营过程中的潜在问题。

除了大量结构性数据，如今企业经营过程中积累得更多的是非结构性数据，例如，营销数据，社交媒体及电商平台中的客户评论数据，车间内部的实时生产数据、设备运行状态数据等。对这些数据进行分析及应用的成本相对较高，而且传统数据分析工具及技术很有可能不再适用。考虑到这类数据具有覆盖领域广、规模及体量较大等方面的特征，智能化及自动化的数据处理系统的应用就显得尤为必要。

思爱普、IBM、甲骨文、微软等国际头部企业在大数据分析工具研发方面投入了大量资源，虽然行业竞争门槛颇高，但由于发展前景广阔，市场竞争也颇为激烈。从实际发展情况来看，将认知计算（Cognitive Computing）作为未来参与市场竞争的重要战略支柱之一的 IBM，在智能决策领域颇具潜能。智能决策的真正落地，必须做好基础性布局，例如，完善业务层信息系统、提高数据搜集的精准性及有效性，为智能决策提供强有力的数据支撑。做好基础性布局后，便可尝试利用第三方服务商开发的 BI 软件、SAP HANA 平台等，对数据进行分析及应用。

近几年，在行业探索者的积极努力下，BI 应用场景创新也取得了一些突破，例如，根据客户当前所处的工作场景，自动为其提供业务相关的分析数据，从而辅助其决策。当然，要想对数据进行分析及应用，企业首先要做的是尽可能地从不同的渠道搜集相关数据，确保数据具有足够的维度及深度。

05 ╱ 智能物流：制造供应链数字化

制造业企业在采购、生产及销售等环节中会涉及物流，所以实现物流的自动化及智能化对于制造业企业尤为关键。近几年，随着我国设备及技术的发展，智能吊挂系统、自动导引车、自动化立体仓库等智能物流设备及基础设施逐渐在制造业企业中得到广泛应用。尤其是在大型制造业企业的物流仓储中心，堆垛机器人、自动辊道系统、智能分拣系统等智能设备已经得到普及。

WMS 和运输管理系统（TMS）对制造业企业也有着十分关键的作用。以TMS 为例，该系统融合了 GIS 及 GPS 定位功能，能够让客户、供应商及物流服务商之间实现物流信息的实时共享。例如，上海科箭软件公司于 2015 年推出了运输云服务，从而在智能物流及供应链市场中建立了较强的领先优势。

智能识别技术是智能物流与供应链得以落地的重要基础，其涵盖了电子数据交换（EDI）、GIS、GPS、供应链协同及优化等技术。其中，在企业级信息集成领域，EDI 技术具有十分关键的作用。EDI 技术最为关键的应用在于，能够基于信息系统的通信功能，让供应链上下游的合作伙伴自动交易，使整个交易过程不需要人工参与，而且具有极高的安全性。经过多年的探索，一些国际头部企业在应用 EDI 技术的过程中，已经能够利用互联网进行数据传递。例如，德国 SEEBURGER 公司推出了支持多种 EDI 标准的企业级供应链平台，欧洲专业级第三方供应链平台 SupplyOn 也因此而得到长足发展。2015 年，e-works

公司组织的第三届德国"工业 4.0"考察团队在 SEEBURGER 公司总部考察时，对该企业级供应链平台给予了高度评价。

供应链协同及优化技术是智能供应链真正发挥其价值的核心所在，它能够有效解决供应链中的"牛鞭效应"问题，使企业更高效灵活地处理突发问题。在供应链协同及优化领域，JDA 公司、IBM 及三星已经拥有了较强的品牌影响力。

第 12 章

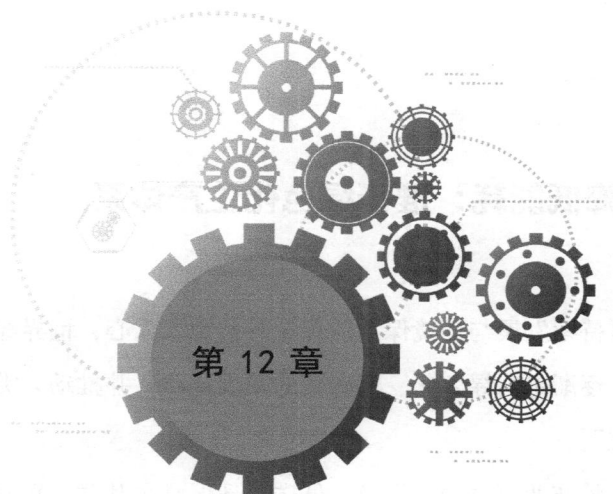

绿色工业：
推动经济的可持续发展

01 降低能耗：推行绿色化生产体系

随着可持续发展与环境保护的理念日益深入人心，世界经济开始以数字技术为依托，逐渐走向绿色化、低碳化的发展道路，并推动人类社会从工业文明走向生态文明。

在新一轮产业革命中，绿色、低碳、环保是主基调，平衡经济发展与环境保护、实现经济效益与环境效益双赢的工业绿色化发展模式成为全球工业制造业发展的必然选择。一方面，随着全球工业化和城镇化水平的不断提高，经济发展面临着越来越大的环境压力，传统工业发展模式中的环境成本不断增加。另一方面，新的重大技术创新及应用短期内难以全面突破，信息技术革命带来的"创新红利"正逐渐消失，因此需要通过培育新引擎、转变发展模式，推动实体经济的稳定持续发展。绿色工业则提供了科学的发展方向和路径，是全球实体经济突破发展困境、实现转型升级的必然选择。

绿色工业是一种以绿色创新为核心驱动、追求经济效益与环境效益双赢的资源节约型与环境友好型的创新发展模式，既拥有一定的技术支撑，也有巨大的发展空间，能够带来可持续的增长效应。

基于全球经济可持续发展的要求和日益严峻的环境问题，我国以绿色发展的新理念为指导，不断推进传统制造业的绿色化改造升级，鼓励绿色清洁生产，加快构建绿色、低碳、循环发展的工业制造产业体系。

绿色工业发展模式既符合经济新常态下新型工业化发展的内在要求，也是供给侧结构性改革和经济转型升级的重要方向与推动力，在我国工业制造业乃至整体经济的提质增效、打造国际竞争新优势、保障国家资源能源安全等方面都发挥着巨大作用。目前，世界主要经济体都在发展绿色工业，实施绿色行政，推动绿色增长，我国亦在其列。现在乃至今后一个时期是我国推行制造强国战略、发展绿色工业的关键时期。发展绿色工业不仅能够降低能耗、降本增效，还能够满足社会对绿色产品及绿色服务的需求，我国发展绿色工业为可持续发展提供重要支撑，为世界经济绿色发展作出积极贡献。

从本质上看，绿色工业指的是改变过去工业高投入、高能耗、低效益、低产出、低质量的发展模式，发现新的绿色增长点，打造工业绿色发展新动能。目前，我国工业绿色发展态势良好，单位 GDP 能耗及碳排放计划有望超额完成。这说明，我国政府倡导的新发展理念正在逐步落实，我国经济绿色发展、可持续发展的愿望有望实现。但如今，我国绿色经济刚刚起步，生态环境依然面临着较大压力，工业的绿色化程度还不够高，我国的绿色化发展仍然面临挑战。

从总体来看，全球正在迎接新一轮工业革命，绿色发展、智能制造是这场工业革命的主题，我国应紧抓新一轮工业革命带来的机遇，不断强化工业绿色发展的动力，加快工业绿色发展的进程。

在国民经济中，工业是第二大产业，是非常重要的物质生产部门。近年来，我国工业发展速度逐渐下降，但其肩负的使命与任务依然艰巨，需要通过工业生产技术创新实现节能减排、可再生能源资源的开发利用、资源回收利用。为此，我国必须保证工业生产稳定、持续地增长，而推动工业绿色发展就是一项有效措施。绿色工业不仅能够保证工业实现可持续发展，还能带动其他行业绿色发展，从而快速拉动国民经济，提升国民经济发展质量，从技术与物质两个方面为生态文明建设奠定扎实的基础。总而言之，打造工业绿色发展新动能，能将我国经济当前的绿色发展态势保持下去，让经济实现稳定、持续增长。

工业生产体系比较复杂，具体涵盖生产流程、生产工艺、产业链上下游分工等多个环节，企业只有从这些环节逐一切入才有可能构建起完整的绿色工业生产体系。

在全球产业分工环境下，我国绿色工业生产体系的构建可分为5个步骤。

●摒弃落后技术，引进绿色高效技术，提升资源、能源利用率，降低资源、能源消耗，鼓励企业对传统制造业进行技术改造，做好绿色低碳产业化示范工作，推动工业领域的资源利用与城镇化、信息化、工业服务业、社会管理服务相互融合。

●调整产业结构，摆脱过去资源加工型、高能耗的产业结构，转向低能耗、高技术、高附加值的产业结构，推动产业转型升级，实现绿色发展。

●推动先进制造业、战略性新兴产业实现绿色发展，尤其要以绿色科技创新引领工程的落实为重点。

●推动产业链实现绿色发展，逐步实现从部门产业链环节的绿色化到整个产业链的绿色化，建设绿色工业园区，完成绿色生产体系的构建。

●提升我国工业在全球产业链中的地位，使工业生产摆脱高污染、高能耗、高排放、低附加值的困境，逐渐向绿色、低碳、高附加值环节转移，推动产业转型升级，实现绿色发展。

02 营造环境：推进绿色文化的建设

绿色工业的发展深受市场环境影响，所以，为推动工业绿色发展必须营造一个良好的市场环境。首先，要在工业领域广泛开展绿色产品标识与认证工作，银行等金融机构要给予通过绿色认证的企业金融政策支持，例如优先贷款、贴息鼓励等；其次，行业协会要开展行业绿色标杆工作，推广行业绿色发展经验，制订绿色行业发展计划，通过绿色产品生产，以及绿色工厂、绿色园区、供应链的建设，完成绿色制造标准体系的构建；最后，环境管理部门要做好环境监管工作，提升环境监管的技术水平，利用大数据等技术做好常态化监督。

要想推动绿色工业发展，企业必须在创新绿色技术方面加大投入与应用。绿色技术涉及的学科与领域非常广泛，且具有前沿性强、风险大、不确定性强的特点，需要持续地、大规模地投入。在这种情况下，政府必须加强规划、引导，降低企业在绿色工业发展上的风险，鼓励企业加大在绿色工业基础技术、前沿技术、共性技术方面的研发投入，并从金融财政方面为绿色工业的发展提供更多支持。

另外，要将绿色技术目录加入工业产品目录，让绿色技术、绿色工艺在传统产业各环节得以充分应用，鼓励、引导企业主动选择使用绿色技术，破除传统产业与绿色技术之间的阻隔，从财政与税收方面给予使用了绿色技术的传统产业一定的支持，例如给予其一定比例的配套资金支持、减免税收等。同时，要让全社会对绿色发展理念产生全面而深刻的认识，认识到绿色发展理念是人与自然和谐相处的生活方式、价值观念、行为规范的体现。总之，企业要一边推动绿色工业发展，另一边建设好绿色文化体系，传播绿色理念，激发绿色需求，使绿色产品与服务之间的市场空间得以有效拓展。

工业发展离不开能源，绿色工业发展的质量在很大程度上取决于能源的质量。在全部能源消费中，工业能源消费占比颇高。对绿色工业来说，能源的绿色发展作用巨大。随着时代的发展，对化石能源有着超强依赖的传统工业发展模式不再适用，对新一轮工业革命来说，新能源的开发利用成为重中之重。

目前，我国新能源发电装机规模呈现出快速增长态势，但新能源发电在实际应用中却存在诸多问题。例如，部分地区存在严重的弃水、弃风、弃光问题，化石能源无法实现高度清洁利用等，这些问题都对可再生能源产业的发展产生了一定的影响。

现在乃至今后一个时期，我国要想提升可再生能源的利用率，可以对电力等新能源系统进行技术创新，具体措施如下。

● 积极研发分布式电网技术、电网运行控制技术、储能技术、智能用电技术、柔性输电技术等。

● 整合现有的研究力量，选择合适的技术领域开展技术攻关，做好技术引领与示范工作。

● 为传统能源行业提供一定的支持，激励其积极开发绿色低碳能源；加快改革能源体制及能源征税方式，完善能源价格体系，增强消费者的绿色发展意识，提升绿色能源行业的市场竞争力。

03 / 生态建设：打造绿色工业产业链

实现绿色工业发展不是依靠单个企业就能完成的，而是需要渗透到产品全生命周期的各个阶段，需要产业链上的各环节的生产者或供应商承担相应的环保责任，需要从资源提取、研发设计、生产制造、物流运输、消费服务、废物处置与循环利用等全产业链的角度出发，将环境影响纳入生产、销售、服务等各项业务的评估体系，让每个环节都具备绿色、低碳、环保的属性，如此才能最终构建出绿色工业产业链。同时，构建绿色工业产业链还要超越单一产业的视野局限，关注相关产业的绿色发展，实现产业协同绿色化。

以丹麦的卡伦堡生态工业园为例，发电站、石膏板厂、制药公司等众多传统企业以"工业生态共生"的绿色发展理念为指导，积极对所在产业园区进行绿色化改造升级，并与当地农业和公用事业形成绿色化链接，从而实现了人员、设备、信息共享等方面的协同效应，成为欧盟地区"工业生态系统"的典型。

在研发创新等绿色工业产业链的关键环节，发达国家展开竞争，积极抢占全球绿色市场制高点。在全球一体化日益加深的背景下，我国绿色工业的发展也不能"闭门造车"，应以开放共享、合作共赢理念为指导，吸纳、整合、利用全球创新资源，积极探索开放、集成的绿色产业创新模式。当前，我国大力推进工业产业园区建设，不断探索能够覆盖绿色创新体系全流程的绿色创新发展模式和路径。

发达国家打造绿色工业产业链的另一个发力点，是依托日益成熟的信息技术深入推进工业制造业的服务化转型，大力发展服务型制造业。由此，发达国家的工业制造企业从单一的产品制造商转变为围绕产品提供高质量服务和一体化解决方案的集成服务商。

在技术、产品等"有形"竞争日益陷入同质化困境的情况下，越来越多的跨国企业将目光聚焦到更能体现企业性格与文化的"无形"服务上，把服务看作获取新价值的主要渠道，从单一生产环节拓展到整个产业链的布局，从而延伸了企业的价值链和收益链，为企业发展提供源源不断的动力。

通过有效整合产业链的制造环节与服务环节，企业可以进行精准的市场细分，明确自身的产品与市场定位，实现更精准合理的供需对接，从而大幅降低人工与库存成本，减少资源浪费。换句话说，制造业服务化转型有助于优化传统产业链中的资源配置结构与方式，降低生产环节对自然资源的依赖与消耗，从而推动传统产业的绿色化转型升级。

04 管理创新：建立绿色经营管理制度

随着企业发展过程中的资源环境压力不断增大，企业也从最初的被动适应到当前的主动推进绿色化转型，越来越多的企业开始将绿色经营管理作为提升核心竞争力、构建差异化战略的重要手段，积极探索创新性的绿色经营管理理念和商业模式，对企业经营管理制度进行绿色化重构。由此，绿色经营管理创新正从法律、消费者等外部因素驱动逐渐转为以企业家精神等内部驱动为主。

绿色经营管理创新不只是企业内部的管理变革问题，还受到政府、政策、法律、市场、成本、消费者、供应商、竞争对手等因素的影响。从全球范围来看，大企业和跨国企业是推行绿色管理的主角，例如可口可乐、杜邦、松下、英特尔等头部企业开展的绿色经营管理行动，这些企业不仅与一些环保组织建立起良好的互动关系，也受到社会大众的高度认可，并收获可观效益。

以通用电气公司为例，董事长兼 CEO 杰夫·伊梅尔特在 2004 年提出打造绿色企业的计划，并不顾公司最高管理层的否决坚持实施。事实证明了杰夫·伊梅尔特的战略远见：这个被称为"绿色创想"的计划使通用电气公司的温室气体排放量减少了 30%，赢得了社会和公众的高度认可，也为通用电气公司节约了 1 亿美元的成本，并带动 80 种新产品和新服务的开发，这些新产品和新服务每年能为通用电气公司创造约 170 亿美元的收入。

从我国企业来看，随着对外开放水平的不断提高，我国企业在"引进来"和"走出去"的过程中与跨国企业形成越来越密切的合作伙伴关系。由此，跨国企业促进我国企业在供应链上向绿色经营管理转型，我国企业为满足海外合作伙伴的绿色化要求必须不断提高产品和管理的绿色标准，摒弃传统高能耗的生产模式。此外，碳管理逐渐成为近些年发达国家企业绿色经营管理创新的重要方向。这是一种利用技术创新、组织重构和制度变革，实现产品和服务的低碳化、绿色化，从而最大程度地减少企业在生产、物流、销售等产业链运营过程中碳排放量的绿色经营管理模式。

总体来看，大企业是当前发达国家中自主实施绿色转型和低碳发展的主体，具有较强的示范效应，有利于吸引更多企业参与绿色经营管理创新行动；同时，新兴行业中的一些成长型中小企业也表现出不弱于大企业的绿色经营管理创新活力，积极探索实现绿色发展的关键技术和商业模式，成为绿色工业发展的重要推力。

05 金融支持：践行绿色金融理念

工业的绿色化转型离不开金融服务的有力支撑：绿色工业技术的研发应用、绿色新兴产业的培育发展等都需要大规模的资金投入，这些都推动了绿色金融服务创新。"绿色金融"概念诞生于20世纪90年代，日益严峻的全球气候变化问题使越来越多的金融机构开始关注绿色产业并推出绿色金融服务。

2002年，花旗银行、荷兰银行等9家大型跨国银行共同起草了各个国际银行评估、管理环境与社会风险的操作指南——"赤道原则"，推动了绿色信贷业务的快速发展；而基于"赤道原则"成立的赤道银行也成为环保领域的"金融代理人"。2007年，欧洲投资银行发行了首个与气候相关的绿色债券，绿色债券市场进入发展快车道；到2014年，绿色债券市场规模已突破400亿美元。同时，绿色保险、绿色基金、绿色交易型开放式指数基金、碳排放交易市场等各类绿色金融服务也呈现出蓬勃发展之势。美国能源信息署预测，到2050年，全球绿色金融市场容量将达到36万亿美元。

从全球来看，美国、英国、法国等发达国家是绿色金融服务的主要市场，具有以下特点。

● "大绿色金融"理念正在形成，即绿色金融服务不再局限于绿色产业的投融资，而是将经济增长、技术创新与绿色金融有机结合起来。

● 环境风险与绿色信贷成为海外金融监管重点，例如美国财政部明确提出进行对外资金援助时必须考察援助项目是否符合环保标准，欧盟则要求上市公司必须披露是否面临环境风险。

● 长期机构投资者成为推动绿色金融的主体。对于保险公司、公共养老金管理机构等长期机构投资者来说，气候变化与环境问题是必须考虑的长期风险之一，因此为了降低日后面临的环境风险，这些机构投资者通常会利用股东权力影响参股公司的经营方向，减少不符合绿色发展的商业决策与行为。

就我国而言，虽然绿色金融市场起步较晚，但却呈现出迅猛发展之势。近几年，我国政府越来越重视金融市场在资源配置中的巨大作用，积极引入更多社会资本推动绿色工业发展，绿色信贷、绿色保险、绿色债券等各类绿色金融服务产品在我国逐步推出并快速发展。

例如，2007 年 7 月，中国银行业监督管理委员会[1]、中国人民银行和国家环境保护总局[2]联合发布了《关于落实环保政策法规防范信贷风险的意见》，明确要求各大银行的贷款要向循环经济、节能减排等绿色产业倾斜，同时严格限制对高污染高排放行业的信贷；2007 年 12 月，中国保险监督管理委员会[3]和国家环境保护总局联合发布了《关于环境污染责任保险工作的指导意见》，提出要在部分地区针对高污染高排放行业推行环境污染责任保险；2015 年 12 月，国家发展和改革委员会出台了《绿色债券发行指引》，提出要充分发挥企业债券融资在节能减排、环境保护等绿色化发展方面的重要作用。

近几年，随着对传统基建等信贷投向的结构调整，绿色金融正在成为银行业新的业务增量点。根据公开的 2023 年年报的上市银行数据，包括六大国有银行在内的 13 家银行的绿色信贷余额合计已突破 20 万亿元；其中，国有大行的绿色信贷规模增速甚至在 30% ～ 50%。总之，绿色工业的发展，离不开绿色金融的支持。在新发展理念的引领下，我国金融机构需要进一步积极发展绿色金融，践行"大绿色金融"理念。

1　2018年改为中国银行保险监督管理委员会，2023年改为国家金融监督管理总局。
2　2008年改为环境保护部，2018年改为生态环境部。
3　2018年改为中国银行保险监督管理委员会，2023年改为国家金融监督管理总局。

第五部分

未来产业篇

第 13 章

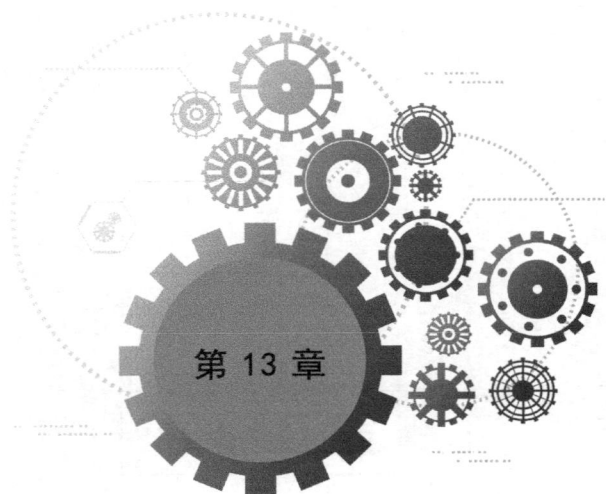

战略路线：
构建未来产业发展模式

01 顶层规划：未来产业总体思路

未来产业采用的技术具有极强的革命性和颠覆性，各个产业之间有着较高的关联度和协同性，可开拓的市场空间较为广阔。发展未来产业是推动科技和产业发展及新质生产力形成的重要举措。

2024年1月，工业和信息化部等七部门印发了《关于推动未来产业创新发展的实施意见》，以2025年和2027年为时间节点，提出了未来产业的发展目标。计划到2025年，我国的未来产业将在技术创新、产业培育、安全治理方面实现全面发展，在部分领域实现突破，达到国际先进水平，形成优势领域，产业规模持续扩大。围绕未来产业建立孵化器和先导区，在关键核心技术、标志性产品等方面上取得较大成就和进步，宏观层面上根据我国的实际情况确立未来产业的发展模式。计划到2027年，我国未来产业的综合实力将取得显著提升，在部分领域实现全球引领。我国在关键核心技术上实现重大突破，推动创新发展，广泛运用新技术、新产品、新业态、新模式，建立长效机制，为可持续发展创造基础，在世界未来产业的发展中发挥举足轻重的作用。

（1）新质生产力和未来产业的内涵高度统一

新质生产力和未来产业在很多方面存在相通之处，它们的内涵是高度统一的，具体体现在以下3个方面。

① 高度依赖创新驱动

创新对生产力有着巨大的推动作用，在新质生产力的形成过程中是重要的驱动力之一。我国一直坚持"科技是第一生产力"这一重要论断，以科技为基础推动社会生产力的发展。21 世纪以来，科研领域不断取得突破，积累了大量的科研创新成果，新一轮科技革命及随之而来的产业变革正在加速酝酿。创新驱动对产业变革是至关重要的，科技和产业的进步必将带动生产力的飞跃式发展。

未来产业也同样依赖创新驱动。未来产业尚处于萌芽期，拥有极大的发展潜能和空间，发展的动力源自原始性和颠覆性创新。新一代科技革命涉及多个学科和多种技术，强调在多个领域的融合中创造新的发展成果。此外，信息技术和数字技术将引导传统产业沿着数字化、网络化、智能化的道路实现转型升级，并在这个过程中催生未来产业，促进产业创新。

② 开辟新领域和新赛道

就新质生产力而言，涉及领域的不同是它与传统生产力的主要区别。传统生产力涉及的领域拥有较长的发展历史，而新质生产力则通过科技创新开拓全新领域。例如，正在兴起的第四次科技革命借助新一代信息技术开辟出大数据、云计算、人工智能等新赛道，大幅扩展经济发展的空间和可能性。

简单来说，未来产业就是新的产业，新产业也就意味着新赛道和新领域。经历了较长时间的发展，我国传统产业面临着产能过剩、利润不高、资源消耗等问题，因此必须开辟新赛道以实现产业的转型升级。例如，新能源产业的兴起可以降低化石能源的消耗，新能源汽车产业可以减少碳排放。此外，新材料、生物技术等新产业、新赛道也将为经济发展注入全新的活力。

③ 塑造发展新动能和新优势

新质生产力与技术创新和产业升级密切相关，依靠新技术开辟新赛道和新领域，发现新的经济增长点，为发展提供新的动能，形成新的发展优势，创造新的劳动就业岗位，推动经济社会高质量发展。而要取得新动能和新优势，还需要做好资源的整合优化，聚集产业资本和创新力量，形成产业和创新集群。

未来产业基于新产业形成新动能和新优势。此外，未来产业还强调跨界融通协同，将不同的技术、产业、行业融合，开发出新产品和新业态，从而形成新动能，确立新优势，推动经济发展。

（2）准确把握培育发展未来产业的总体思路

《关于推动未来产业创新发展的实施意见》（以下简称《实施意见》）指出了未来产业发展的重点任务和主要方向，涉及技术创新、产品打造、企业培育、场景开拓、生态建设、赛道谋划等。《实施意见》大致有以下 4 个亮点。

① 聚焦一条主线

传统产业未来化和未来技术产业化是未来产业发展的主线。传统产业未来化，是将前沿技术应用于传统产业，借助数字化、智能化、网络化等手段推动传统产业的转型升级，发掘新的应用场景。未来技术产业化，要先加快科技创新的步伐，尤其是重大关键技术的颠覆性创新，并完成技术创新成果到产业的转化，催生出新的产业业态。

② 注重场景牵引

前沿技术具有前瞻性，还没有完全实现落地，相应的前沿技术驱动下的未来产业处在萌芽阶段。场景可以创造需求，为前沿技术的落地和未来产业的发展提供动力，例如新型工业化要求产业链的转型和重构，产业链变革则需要前沿技术和未来产业的参与。此外，面对城市群建设和信息消费等新需求，前沿技术和未来产业能够提供相应的产品和服务，对此可以借助跨界融合场景进行试点。

③ 强化生态支撑

高端、智能、绿色，是未来产业的发展方向。完整、先进、安全，是未来产业在发展过程中要达到的要求。根据以上发展的方向和要求，强调技术创新，推动数字化和智能化转型，践行绿色环保理念，加大人才和资本投入，积极开展安全治理，能够构建稳固、健康的未来产业生态，全面提升未来产业的发展质量。

④ 突出细分赛道

参照世界范围内技术的格局及演进趋势，着眼国家经济状况和发展需要，确定未来制造、未来信息、未来材料、未来能源、未来空间、未来健康六大未来产业的主要发展方向，以及六大发展方向下的 30 余项细分赛道，并按照实际情况分阶段推进。在细分赛道找到突破口并逐步建立优势，是我国需求经济增长点的重要方面。同时，根据科技的实时进展状况，动态调整已形成的布局，形成完善的产业生态体系。

02 / 技术创新：加快推进数实融合

发展新质生产力是优化经济结构和推动产业转型升级的重要举措，而战略性新兴产业和未来产业是新质生产力发展的主要驱动力。产业转型升级将帮助传统产业有效解决发展过程中面临的问题，提高生产效率和竞争力，助力经济社会高质量发展。

新质生产力意味着生产力的飞跃式发展。新质生产力的形成和发展需要科技创新来驱动，特别是关键技术和前沿技术的颠覆性创新，而这需要投入大量的人力、资金和时间，历经漫长的开拓和探索。值得一提的是，数字技术在新质生产力的形成和发展过程中发挥着关键作用，应充分有效地利用数字技术，推进数实融合，如图 13-1 所示。

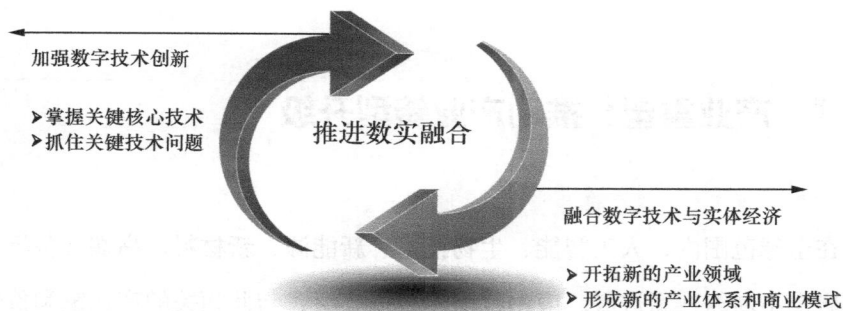

图 13-1　推进数实融合的方式

（1）加强数字技术创新

充分认识数字技术的重要性，从基础研究入手推动数字技术创新，提高自主创新能力，掌握关键核心技术。在技术创新的过程中，应抓住关键技术问题，立足实际需求，建立高水平的人才队伍，形成稳定高效的创新机制，聚焦人工智能、大数据、物联网等重点领域，以项目和平台为载体开展创新活动，在数字技术的创新领域取得突破性进展，显著提高创新水平。

（2）融合数字技术与实体经济

实体经济是新质生产力发展的重要基础和依托，同时在与实体经济的融合过程中，数字技术可以更大程度地发挥自身的价值和作用。数字技术和实体经济的深度融合能够有力地推动新质生产力的发展。

加强数字技术创新成果的应用，将数字技术与传统产业融合，可以为传统产业注入全新活力，推动传统产业转型升级，开拓新的产业领域，创造新的经济增长点。在农业、制造业、服务业等传统产业中引入数字技术，可以提高资源配置效率和生产效率，提升产品和服务的质量，增强企业市场的竞争力，形成新的产业体系和商业模式。

03 产业重塑：推动产业转型升级

在全球范围内，人工智能、生物技术、新能源、新材料、高端装备等新技术的研发不断取得新进展，应用范围也日益广泛，与此相关的产业链和价值链的重组频率显著提高。推动产业转型升级的关键如图 13-2 所示。

（1）优化创新环境

要想在科技创新和应用上取得成果，需要先营造一个良好的创新环境，创新环境的营造可从以下两个方面入手。

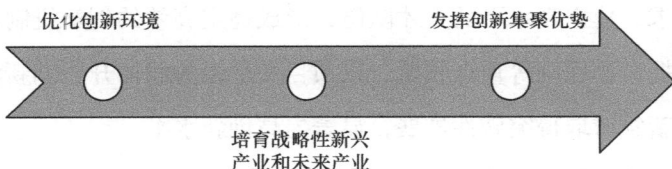

优化创新环境　　　　　　　　　　　　　　发挥创新集聚优势

培育战略性新兴
产业和未来产业

图 13-2　推动产业转型升级的关键

● 坚持市场经济，完善市场经济体制，反对垄断，倡导公平竞争，严厉打击破坏市场良性竞争的违法行为，创造开放有序的市场环境。

● 坚持并推进简政放权、放管结合、优化服务的"放管服"改革，调动市场主体的积极性，激发市场活力和创新能力。围绕创新制定相应的政策和法律法规，支持和鼓励创新，并保护创新成果。此外，要注重创新体系的构建，整合企业、科研机构、高校等创新主体，发挥创新主体间的协同效应，搭建创新平台，共享创新资源。

（2）培育战略性新兴产业和未来产业

在新质生产力的发展过程中，战略性新兴产业和未来产业能够起到关键的推动作用。在战略性新兴产业的发展中，需要坚持市场经济，并给予适当的政策引导，打造一批拥有强大实力和竞争力的优秀创新型企业。

同时，推动战略性新兴产业体系建设，形成产业集群效应，让战略性新兴产业成为经济增长的重要引擎。秉持前瞻性眼光，充分认识到未来产业的巨大发展空间和潜力，加快布局未来产业，在未来产业中投入更多资源，提升创新能力，抢占发展先机，确立发展优势。

（3）发挥创新集聚优势

发展新质生产力，需要发挥不同创新主体之间的协同作用，共享创新资源，共同开展创新活动。出于创新集聚主体的需要，应提供高质量的软硬件设施及有力的政策支持，形成高效的合作机制和开放的交流平台，构建实力雄厚的创新联合体，以此作为科技创新的主要阵地。另外，根据每个区域的现实条件和发展需求，制订与区域相适配的发展规划，推动区域协调发展，建立具备较高创新水平和较强产业竞争力的科技园区与产业园区，借助产业集群效应加快科技创新成果向产业转化。

04 市场机制：深化数据要素改革

新质生产力的发展需要多方面资源的支持。不过，目前新质生产力在金融方面获得的支持还不够，部分新兴科技企业无法顺利融资，由于无法推进企业的既定发展计划，对这些企业来说，科技创新和产业发展也就无从谈起。可见，企业融资困难的问题已经成为新质生产力发展的阻碍因素，对此，应加大金融方面对新质生产力的支持力度，制定符合新质生产力发展的金融支持政策，鼓励和支持相关科技企业及产业发展。新质生产力的发展还需要市场和政策等其他方面的资源，应当充分发掘这些方面的资源，保障资源的供给。

（1）实现国内外双循环

我国的人口和经济总量造就了一个规模极大的市场，发展新质生产力要充分利用国内市场优势。企业应全面了解和掌握市场需求，加强技术研发创新，提供具备高质量和高附加值且能够满足市场需求的产品，提升企业的竞争力和影响力。

新质生产力的发展也离不开国际合作和国际市场。我国企业应与世界范围内的科研机构和组织展开交流合作，学习先进经验，利用全球范围内的创新要素，在坚持科技自主的同时善于利用多方面的资源。我国应积极为新质生产力的发展成果开拓国际市场，推动产品出口，提升新型科技企业在全球范围内的竞争力和影响力，建立战略性新兴产业和未来产业上的全球性优势。

（2）推进数据要素市场化改革

数字生产力是新质生产力的重要组成部分，而数据又是数字生产力中的重要生产要素。推动数字生产力的发展，要建立健全数据要素配置机制，实现数据要素的高效流通和合理分配。发挥市场在数据要素配置中的决定性作用，同时对数据要素实施有效治理，制定相关政策。数据要素的治理工作包括明确数据的定价标准、使用范围，以及与数据有关的权利类型，保障数据安全，维护数据持有者和使用者的合法权益，促进数据的高效、有序流通。对于数据要素产生的收益，要进行合理公平的分配。

总体来说，以政策推动新质生产力的发展，可以从以下3个方面入手。

● 降低市场准入门槛，鼓励民间资本参与，创造更加开放的市场环境，调动市场主体的积极性，为市场注入更多活力。政府应提高服务质量和效率，通过简化行政审批流程为企业提供更多的便利，同时从政策层面出发为企业提供支持，通过税收优惠等政策激励企业创新发展。

● 构建"惠企利民"平台，让企业和群众对与新质生产力相关的政策有明确的了解，企业或群众如果对政策存在疑问或建议，可借助平台进行咨询或反馈，平台的建立将对政策的推广和落实起到帮助作用。

●发展新质生产力要加强监管和治理，制定健全的法律法规，对扰乱市场秩序等行为实施严厉打击，及时发现和排除发展过程中出现的各种问题，切实提高发展质量。

05 人才培养：完善科技创新体系

发展新质生产力离不开大量创新人才的参与。目前，我国在科技人才上的积累达到一定程度，但是为了更好地满足新质生产力的发展需求，还应继续加强人才的培养，形成良好的创新人才队伍梯队和创新人才储备。具体而言，人才培养工作应当从以下方面入手。

（1）释放"虹吸效应"，增强人才储备

根据新质生产力的需要加强专业训练，培养更多的专业人才。人才的培养首先要从教育入手，鼓励高校增加新质生产力相关专业的招生规模，开设更多与新质生产力有关的课程，并且在相关的专业和课程上投入更多的教育资源，为人才的培养打下牢固的专业知识基础。

除了专业知识，实践能力和创新能力也是人才应具备的素质，在人才培养中要注重产学研结合，让人才在新技术的实践项目中得到锻炼，提升实际工作的能力，强化创新意识，成长为全面人才。

除了人才培养，还应重视人才引进：一方面，广泛吸纳国内外的高水平、高层次人才，为人才引进提供更多的优惠政策。另一方面，创造良好的科研环境，让高水平、高层次人才能够全身心地投入科研活动。

（2）建设科技创新体系，加大科研支持力度

坚持推进基础理论研究，做好科技创新的基础性研究工作，同时加强技术

应用研究，将科技创新成果转化为产业和生产力。企业应在创新主体中居于主导地位，政府应给予企业政策上的支持，鼓励企业加大技术研发力度，通过技术研发和创新取得更多的创新和应用成果。

坚持产学研相结合，整合企业、高校、科研机构等创新主体，发挥创新主体间的协同作用，以更高的效率在基础理论研究和技术应用研究上取得更大的进展。

为新质生产力发展成立专项基金，发放奖励及荣誉称号，奖励相关领域有重要突破和杰出贡献的个体，以此对相关领域基础研究和应用研究产生激励作用。

围绕新质生产力的相关领域，组织高校间的创新大赛，调动高校对新质生产力相关领域的研究积极性，使学生认识到发展新质生产力的重要意义，激发学生对新质生产力的研究兴趣，为新质生产力的发展提供源源不断的支撑。

第 14 章

战略性新兴产业：
增强发展新动能

01 战略性新兴产业的特征与内涵

战略性新兴产业聚焦重大前沿技术突破，以重大发展需求为着力点，以推动经济社会全局发展为要务。战略性新兴产业是国民经济计划中出现频率较高的关键词。"十二五"规划明确了战略性新兴产业的范围和领域，包括新能源、高端装备制造等；"十三五"规划强调了战略性新兴产业在国民经济中应取得的地位，提出了战略性新兴产业的发展目标，即产业的增加值占国内生产总值的 15%；"十四五"规划将战略性新兴产业包含的领域增加到 9个。由此可见，发展战略性新兴产业已经成为推动现代化产业体系建设的重要抓手。

（1）战略性新兴产业和未来产业

"十四五"规划中提到了"未来产业"这一名词，本书对未来产业作出这样的定义：从根基和动力方面来看，未来产业依托重大前沿科技创新和新技术；从效果和意义方面来看，未来产业服务人类未来出现的新需求，引领和促进经济社会的发展；从性质和现状方面来看，未来产业具有前瞻性，产业成熟尚需时日。未来产业的内涵如图 14-1 所示。

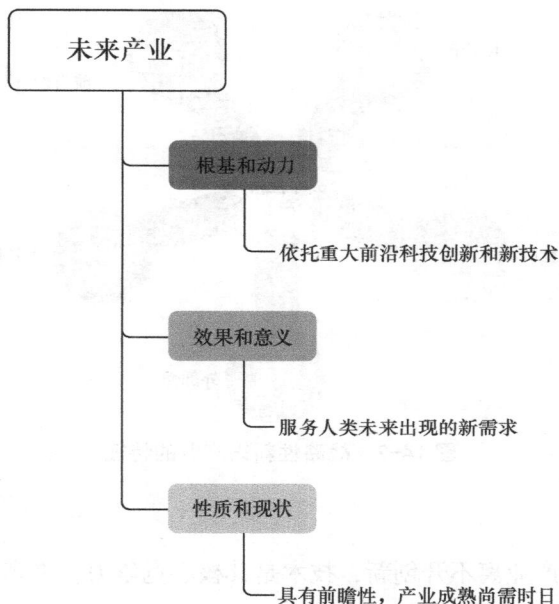

图 14-1　未来产业的内涵

　　战略性新兴产业和未来产业既具备共通之处，也存在差异，主要体现在发展和创新的程度及水平上。战略性新兴产业的成熟度较高，技术积累较为可观，在产业化的道路上已取得较大的进展，产业形态和发展模式已经形成。未来产业还未完成创新试错，处于萌芽和孵化阶段，产业化程度有待提升，在商业开发和大规模应用方面还有一段较长的路要走。战略性新兴产业和未来产业可以看作一件事物在不同阶段呈现出的不同形态，当未来产业在技术创新和产业化方面达到足够高的水平时，就可以被视作战略性新兴产业，因此二者之间并没有明显的界限，在一定的条件下，未来产业是可以成为战略性新兴产业的。

（2）战略性新兴产业的特征

　　战略性新兴产业的特征如图 14-2 所示。

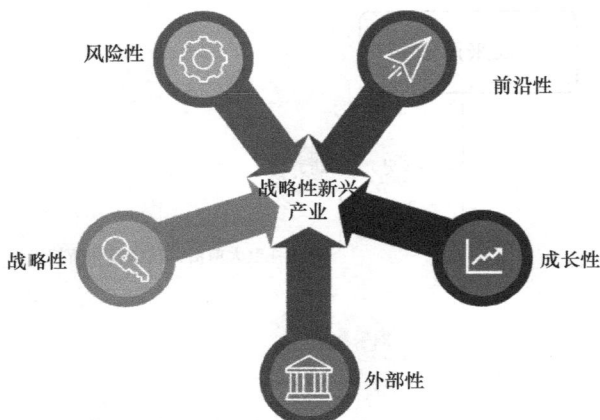

图 14-2　战略性新兴产业的特征

① 前沿性

战略性新兴产业离不开创新，技术是其核心竞争力。许多传统产业虽然也以技术为导向，但是战略性新兴产业依靠的是具有先导性和探索性的前沿技术，这类技术将改变现有的技术格局，并随着产业化的进行推动生产方式和生产效率取得进步。前沿技术与技术和生产上的变革密切相关，将为人类的生活带来改变，创造更多的舒适和便利，满足人们出现的新需求，针对许多现实问题提供解决方案。

② 成长性

战略性新兴产业用到的前沿技术具有很强的变革性和颠覆性，能够大幅提高产品的质量、性能及性价比，这将扩大消费市场和消费需求，从规模方面体现出战略性新兴产业的成长性。除了持续扩大消费规模，战略性新兴产业还将持续提高消费层次，提升消费者的生活品质和价值追求。战略性新兴产业属于知识和技术密集型产业，能够制造出具有较高技术含量和附加值的产品，并不断地实现产品的升级迭代，使消费者体验到技术的最新进步成果。

③ 外部性

基础理论研究是战略性新兴产业的创新源泉，而基础理论研究本身具有普适性和通用性，围绕基础理论研究的成果将形成一个极具活力的创新生态。以创新生态为依托，在战略性新兴产业的作用下，推动技术应用和产业升级，形成多条创新产业链，产业链再延伸交汇构成产业网络。这样的产业网络具有较高的复杂度和极强的创造力，能够开拓出巨大的发展空间。利用产业网络的连通性，战略性新兴产业可以有效发挥自身的引导作用，推动整个产业网络协同发展，不断地扩大前沿技术的外部影响，拓展技术创新领域，这也是战略性新兴产业外部性的主要体现。

④ 战略性

在国家之间的竞争中，科技是分量最重的筹码之一，而科技竞争往往体现为产业竞争，因此，战略性新兴产业具备国家竞争层面上的战略意义。科技和产业的进步意味着生产力的进步，生产力决定了一个国家的经济水平和综合实力。推动战略性新兴产业发展，确立产业优势，提升产业核心竞争力，有助于增强国家的综合实力，在国际竞争中掌握主动权，树立良好的国际形象。

⑤ 风险性

目前，未来产业尚处于萌芽期。与未来产业相比，战略性新兴产业的成熟度更高，但尚未取得主导产业和支柱产业的地位。传统产业与战略性新兴产业间的更替不会是一个十分顺利的过程，需要克服来自市场、政策、组织等方面的挑战，因此必须要正视战略性新兴产业存在的风险。在战略性新兴产业发展初期，政府发布的产业政策可以起到一定的扶持作用，能够为处于培育阶段的战略性新兴产业保驾护航。不过，创新不是一项按部就班的活动，而是充满着不确定性，政策的作用不能保证新兴产业朝着预定的方向发展，也有可能产生新的风险点。

02 | 新质生产力与战略性新兴产业

2024 年 1 月 31 日，习近平总书记在主持中共中央政治局第十一次集体学习时强调："高质量发展需要新的生产力理论来指导，而新质生产力已经在实践中形成并展示出对高质量发展的强劲推动力、支撑力，需要我们从理论上进行总结、概括，用以指导新的发展实践。"

相较于传统生产力，新质生产力拥有更高的生产效率，这是依靠科技和生产组织形式的进步实现的。当产业和科技的创新发展到达一定的阶段时，战略性新兴产业应运而生，同时新兴产业又是创新的源泉，为创新的发展提供助力。

新质生产力是高质量发展的必备要件，也是先进生产力质态的代表。2023 年年底召开的中央经济工作会议强调，"要以科技创新推动产业创新，特别是以颠覆性技术和前沿技术催生新产业、新模式、新动能，发展新质生产力"。

战略性新兴产业并不是一项单独的、孤立的产业，而是一个产业集群，是由科技、商业模式、企业组织等多方面、多领域的创新支撑起来的。发展新质生产力需要从战略性新兴产业着力。

马克思曾对大工业给出这样的评价："由于大工业的发展，产生了空前大规模的资本和生产力，并且具备了能在短时期内无限提高这些生产力的手段。""正是由于这种工业革命，人的劳动生产力才达到相当高的水平。"透过战略性新兴产业，可以窥见新一轮科技革命的发展方向。当前，全球范围内正在形成新的产业格局，各个国家都希望在新的产业格局中占据有利位置，取得先发优势。为此，世界各国纷纷将目光瞄向前沿技术，从战略层面出发部署高技术产业。在这样的国际大背景下，我国也作出积极努力，推动新质生产力的发展，转变发展动力模式，并且将战略性新兴产业作为提高生产力的重要抓手。

新质生产力和战略性新兴产业之间天然存在紧密的联系，可以从以下几个角度来看。首先，战略性新兴产业将新材料、新能源等用于生产，实现了生产要素的更新，此外，顺应新的经济领域的需要创造出新的生产要素，最典型的就是数字经济时代中作为生产要素存在的数据，这可以被称作生产力的革命。其次，我国许多战略性新兴产业主要涉及资本产品的生产，例如通信基础设施、医疗设备、新能源设备等，这些产品作为生产材料参与社会的生产过程，提供了新的生产力，让社会劳动生产率达到更高的水平。最后，战略性新兴产业出现的时间较晚，所以存在较为激烈的内部竞争，为了提升自身竞争力，企业会从管理和组织层面入手开发新的生产模式。新的生产模式加入数字化和智能化的要素，形成一种新的生产力，有助于提高资源配置效率和劳动生产率。这种新的生产力出现后，应用范围迅速扩大，本产业及其他产业的企业都会借鉴，以避免在激烈的竞争中处于劣势，这就更扩大了这种新生产力的积极影响。

近年来，我国在战略性新兴产业上已取得较大进展。工业和信息化部提供的统计数据显示，2022年战略性新兴产业增加值占国内生产总值比重超过13%。2022年中国战略性新兴产业发展概况如图14-3所示。

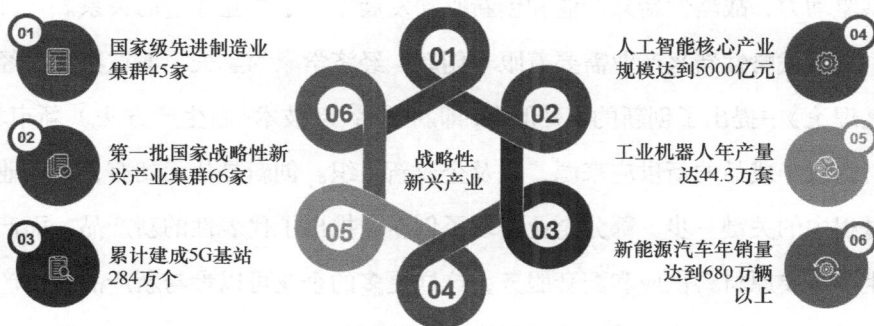

- 01 国家级先进制造业集群45家
- 02 第一批国家战略性新兴产业集群66家
- 03 累计建成5G基站284万个
- 04 人工智能核心产业规模达到5000亿元
- 05 工业机器人年产量达44.3万套
- 06 新能源汽车年销量达到680万辆以上

战略性新兴产业

数据来源：工业和信息化部。

图 14-3　2022 年中国战略性新兴产业发展概况

就具体产业而言，新能源、高端装备、新一代信息技术等产业的发展速度较快，涌现出一批世界级的优秀企业，并且形成品牌效应，为产业升级提供了重要推动力，是国民经济长远发展的牢固保障。在战略性新兴产业的发展中，国有企业扮演了先锋带头人的角色，起到了示范作用。根据国务院国有资产监督管理委员会提供的数据，2023 年，中央企业加大了在战略性新兴产业的投资，投资规模达到了 2.18 万亿元，比 2022 年增长了 32.1%，且最近 5 年的年平均投资增速在 20% 以上，在多个领域实现了重点项目的落地和新国有企业的组建，在新材料、新能源汽车、生物技术等重点领域作出了长远规划和深度布局，取得了产业建设方面的突出成果。

03 战略性新兴产业创新驱动发展

与传统生产力相比，新质生产力达到更高的生产力水平，这主要是通过创新来实现的，包括科技上的创新及生产组织形式上的创新。而技术创新和产业创新积累到一定程度，就会催生出新兴产业，而战略性新兴产业又可以为创新提供驱动力，战略性新兴产业和创新驱动发展之间是相互促进的关系。

建设战略性新兴产业需要着眼于创新，经济学家约瑟夫·熊彼特在《经济发展理论》中提出了创新的 5 种形态，即新产品、新技术（新生产方法）、新市场、原材料或半成品的新供应来源，以及企业新组织。创新是从无到有，是产业发展过程中的关键一步。部分企业实现了创新，推出了代表性的新产品，而产品的生产需要原材料供应和配套服务，这样更多的企业可以参与新产品的生产过程，呈现出集群效应，战略性新兴产业由此崛起。

技术突破是创新的重要体现，也是产业发展的重要推动力。不过，技术突破并不是创新的终点，因为一项产业终归要面对技术的应用问题，要将新技术转化为新产品和新工艺，这是战略性新兴产业发展过程中的关键步骤。实现新技术到新产品的转化，需要多种因素的参与，从多个方面入手，包括配套技术的整合、产业链的完善和市场接受度的提高等。

技术研发完成后要经历一段时间才能转化为产品，而产品诞生后又要经历一段时间才能取得市场的广泛认可，这就是产业化的过程。产业化的实现需要企业自身、上游供应链及下游消费市场的共同作用，供应链体系要做到完整、稳定、高效，企业要具备较强的生产资源整合能力，下游的消费群体需要达到并维持一定的规模。总之，在战略性新兴产业中，创新驱动发展有着多方面的表现，包括原始阶段的技术创新、涉及产业化的集成创新和企业内部的组织创新等。

从目前的情况来看，战略性新兴产业所生产的产品通常呈现出供不应求的状态，原因可以归结为两个方面：一是战略性新兴产业有着较高的门槛和壁垒，许多企业难以进入，因此产品的生产者较少，产品的绝对供给不足；二是战略性新兴产业处于成长阶段，产品的更新和迭代速度非常快，因此一件产品作为"新产品"的存在时间较短，新产品的供给总是有限的，造成产品相对供给不足。

由于产品供不应求，战略性新兴产业的利润率往往较为可观，具有较大的发展潜力，对生产要素有着较强的吸引力。战略性新兴产业的良好前景使企业积极采取行动以获得竞争优势，具体方式有提高产品质量、采用更先进的生产工艺、提升品牌价值，以及推进生产方式、管理方案、组织结构、商业模式等方面的创新。效果较好的创新方案将对产业产生较为深远的影响，被各个企业借鉴和采用，整个产业都将从创新造就的积极成果中受益，产业的整体水平将得到提高。

战略性新兴产业在国民经济中居于重要的位置，因此服务于战略性新兴产业的创新活动将获得更多的资源投入，创新成果将拥有更大的辐射范围。发挥战略性新兴产业和创新发展的相互促进作用，能够实现二者的协同共进。

04 壮大战略性新兴产业的路径

发展战略性新兴产业是推动产业升级转型的必由之路，是实现产业高质量发展的关键举措，在整个国家战略层面有着十分深远的意义。壮大战略性新兴产业的路径主要有以下 4 条。

（1）保障要素资源供给

战略性新兴产业涉及的领域具有规模大、技术复杂度高、发展历史短等特征，受这些特征的影响，战略性新兴产业需要投入较多的资源，面临较大的风险，投资回报期也比较长。因此，对于战略性新兴产业，应当提高产业发展要素的利用率和配置效率，建立合理的有利于可持续发展的运作机制；应当遵循市场规律，采用适当的方式提供资金支持，发挥投资的引擎和杠杆作用，推动重大工程项目的开展。国有企业和地方政府可拨出专款或确立专项计划，对战略性新兴产业提供资金支持，得到扶持的新兴产业也将成为区域发展的重要推动力。除了国家和政府投资，也可以从金融层面为战略性新兴产业提供投资支持，提倡创业投资和私募资金等进行投资，针对战略性新兴产业企业的上市，给出明确的上市公司分类指引，完善相关的上市制度，为企业上市创造更便利的条件。

（2）建立科技支持政策体系

科技创新是战略性新兴产业发展的重要驱动力，因此，科技研发是产业发展过程中的关键步骤。推进科技研发需要借助政策的支持和鼓励，构建科技和产业的协同机制，形成"科技—产业—金融"的良性循环。

产品是产业发展最主要的载体，因此，科技支持政策应从产品出发，加快技术突破到产品创新的转化，进而提升产品的迭代速度，增强产品的竞争力。

政府要对技术的市场化前景做出准确判断，鼓励企业将前景较好的技术转化为产品，并给予政策上的支持，使企业不必为商业利润问题而过分担忧。企业是技术产业化的最主要的执行者，在创新联合体中占据主导地位，科研机构、高校等参与其中发挥辅助作用。将这些创新主体集合到一处，主要目的是加速关键核心技术的攻关。

（3）建设高素质人才队伍

人才是战略性新兴产业发展的核心资源，也是重要的生产要素。人才的培养要结合产业发展的总体情况，与技术研发方向和市场需求相适应，此外还要考虑人才供需的问题，有针对性地确立人才培养计划。

人才的评价标准包括专业知识、创新能力、职业素养、经营管理能力等，尤其要符合战略性新兴产业的要求，突出"高精尖缺"。此外，面向人才应发放足够的高质量岗位，提供可观的薪酬待遇和有力的科研支持，实现高效管理，使人才能够更积极地投入战略性新兴产业的发展中。

（4）加强政策统筹协调

充分的竞争可以对产业发展起到积极的推动作用，然而过度的竞争会引发内耗，不利于产业的进步。政府要准确判断形势，通过政策的调整正确引导战略性新兴产业的发展。对于陷入经营危机的企业，要鼓励其进行兼并重组。

政府提供政策和资金支持要结合实际情况，如果收益和回报率有限应当缩减资金支持，防止出现资源浪费。部分企业在政策的支持下迅速扩张，乃至形成垄断地位，对此要采取有效的反垄断措施，创造公平有序的市场竞争环境，维护消费者的合法权益。政府应时刻跟踪和监测战略性新兴产业的发展进度和发展状况，如果产业发展进入关键期，或是遇到困难和瓶颈，应当加大政策层面上的支持力度，而当产业已经走向成熟时，应及时调整政策支持的力度。

05　战略性新兴产业发展的挑战与对策

（1）要点 1：提高产业链供应链韧性

产业是经济发展的重要支撑。工业革命后，技术的革新加速了产业的发展，一些发达国家和地区借助技术革命中的科技优势及雄厚的资本，率先建立起规模巨大、结构完整的现代化产业体系，例如：美国的电子信息产业、生物医药产业和航空航天产业；德国的汽车制造业和先进装备制造业；日本、韩国的电子产品、新材料、船舶制造产业等。而随着当前全球化程度不断加深，国家与国家之间的经济联系日渐紧密，国际政治经济格局的变化对经济发展的影响进一步加大。加之经济发展进入相对平缓的时期，全球贸易市场上的产业链供应链和市场都经历了解构与重塑，大环境使各国的经济发展都迎来了新的挑战。

面对这种情形，我国必须加快产业布局，做好国内的产业结构调整升级工作，借助现有的全产业链和庞大人口数量带来的供需优势，快速完成国内产业的锻强补弱，加快现代化产业体系的建设，为我国迈进经济强国提供条件。2022 年，党的二十大报告将建设现代化产业体系作为经济发展的一个重要任务，并将发展的目光聚焦于战略性新兴产业（例如信息技术、人工智能、生物技术、新能源材料等），将之作为下一轮经济发展计划中的重要经济增长点。

根据工业和信息化部的统计数据，2022 年战略性新兴产业增加值在国内生产总值中的占比超过 13%。与此同时，随着战略性新兴产业对我国整体产业经济发展的影响不断加深，创新能力不足、科技成果转化率低、安全性程度有待提升、国内布局有待进一步规划设计等问题也逐渐凸显。如何解决这些难题和限制性条件、扩大信息产业规模、提升发展水平，将是新时代现代化产业体系建设过程中的一项重要任务。

我国战略性新兴产业发展面临的第一个难题来自产业链方面，产业链的整体实力有待提升。产业链方面的挑战和对策如图14-4所示。

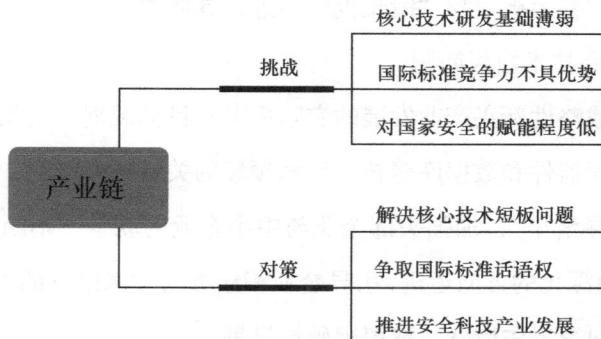

图14-4 产业链方面的挑战和对策

产业链方面的挑战如下。

① 核心技术研发基础薄弱

相关调研报告显示，2020年我国对外技术的依存度约为32.4%，而世界科技强国对外技术的依存度平均不到30%。其中，高端芯片、基础软硬件、基本算法等关键领域的核心技术仍依赖国外，而一旦供应出现问题，相关企业将遭受重大的经济损失，造成产业发展不稳定，并在一定程度上波及国家经济安全。因此，从本质上来看，是产品背后的专业技术和基础理论的差异造成国家在产业发展和经济竞争中的地位。

② 国际标准竞争力不具优势

只有取得国际标准制定权，才能够推动本国制造业走向国际，从而在国际经济博弈中取得更大的优势。当前，美国、德国、日本、英国、法国等发达国家拥有较多国际标准的制定权。

③ 对国家安全的赋能程度低

当前，随着新技术的不断进步，越来越多的战略性新兴产业成果被应用到国家安全领域，成为国家安全保护中的重要依托。但新技术和新兴产业的发展为国家安全问题增添了新的挑战。我国战略性新兴产业整体起步晚，相关成果相对较少，对国家安全的赋能程度较低。

为此，应"补短板"与"锻长板"并进，具体如下。

① 解决核心技术短板问题

结合我国战略性新兴产业发展的实际情况与目标规划，聚焦高端芯片、操作系统、基础元器件和数据库等核心技术领域的关键技术难题，定期编制"技术难题攻克指导清单"，加强头部企业与中小企业的联合，不断推动相关技术向着开拓化、精深化的方向迈进，引导企业积极参与技术研发的"科技赛马"中，刺激前沿技术研究发生质变，取得突破性进展。

② 争取国际标准话语权

构建以企业为主体，以高校、科研院所为助力的战略性新兴产业技术国际标准制定体系。将国际前沿细分领域标准研究与制定纳入战略性新兴产业技术的研究工作中，实现核心技术研究与关键标准制定两手抓，形成以技术研发促标准制定、以标准制定利产业发展、以产业发展助技术研发的良性循环。同时，要持续研究现有的国际标准，积极参与国际性标准组织的活动，提升国内整体的标准水平，推动国内标准逐渐趋近于国际标准，促进我国国内产业与国外产业的合作。

③ 推进安全科技产业发展

我国应从不断发生的国际冲突与安全事件中充分意识到新技术革命带来的安全威胁，提前防范可能出现的高级持续性威胁、数据安全等数字风险。为此，应通过数字安全产业的发展为我国产业安全提供更多、更优的解决方案；应推动数字技术在安全体系中的应用，建立覆盖各行各业、各个发展环节的风险检测、应对与后续保障数字网络，并结合实际情况提供差异化的定制服务，为数字经济时代下国内产业的发展保驾护航。

（2）要点2：提升产业自主创新能力

我国战略性新兴产业发展面临的第二个难题来自产业自主创新方面，对应的挑战和对策如图14-5所示。

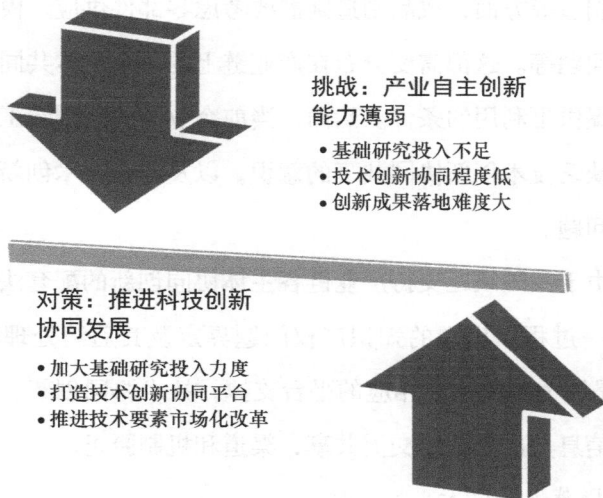

图14-5　产业自主创新方面的挑战及对策

产业自主创新能力薄弱主要体现在以下3个方面。

① 基础研究投入不足

一直以来，我国战略性新兴产业的发展基本是"站在技术先进国家的肩膀上"完成的，即通过引进国外的先进技术进行价值创新，以应用模式的探索为主。本质还是集中在先进技术的产业价值转化方面，而缺乏对技术本身的研发。

以我国生物医药产业为例，中国医药工业信息中心的数据显示，2017—2021年，中国化学仿制药在整体药品市场的占比一直保持在50%以上。国家统计局统计，2022年，我国研发经费投入超过3万亿元，占GDP比重的2.54%；基础研究占社会研发投入的6.57%，比发达国家的平均占比低8.43%。同时，企业在产业发展过程中更注重产业规模的扩张，更多的投入用于体系运营和市场竞争，在产品技术研发方面的投入则较少，原创技术的创新有待进一步提升。

② 技术创新协同程度低

战略性新兴产业的技术发展往往涉及产业链的各个环节，例如，在产品的设计研发阶段，需要考虑销售服务环节所收集的客户需求与反馈，还要考虑材料供应、产品制造等方面，成品制造则需要考虑零部件供应、模块组装、成品运输等方面的问题等。这都需要分布在产业链上的各个主体共同发力，全方位地为产品研发提供可利用的条件。然而，当前企业的技术创新工作却很难满足这一点，存在缺乏技术创新协同共享的意识，以及产业技术创新较为分散、难以串联成线等问题。

一方面是由于我国缺乏支持产业链各主体协同创新的配套法律法规和政策条件，对于这一过程中出现的知识产权问题界定及其后续处理缺乏明晰的规定；另一方面是因为我国缺乏相应的平台支撑，技术协同创新、共性技术研发等工作方面的信息与成果难以交流共享，渠道和机制匮乏。

③ 创新成果落地难度大

相较于前几年，我国近年来的创新产出成果增长较快，但仍落后于发达国家。2023 年《政府工作报告》中指出，2022 年我国科技进步贡献率超过 60%，但仍比美国、日本等发达国家低了约 20%。

一方面是因为技术研发与应用市场的脱节，尽管高校和科研机构每年都产出大量的成果，但这些成果大都属于理论成果，难以贴合市场需求进行产业转化，且当前对这些成果进行评价时，多追求高数量，缺乏对质量和可实现性的考量，这就导致大多数的科研成果无法为企业所利用；另一方面，我国技术要素市场化配置有待进一步完善，资金和人才条件支撑较为薄弱，很多研究项目在启动后因缺乏资金支持而无法进行二次开发，失去了产值转化的机会。

为此，应推进科技创新协同发展，主要体现在以下 3 个方面。

① 加大基础研究投入力度

一方面，要从机制着手，理顺资源调配路径与主体分工，为新兴产业技术研究提供良好的支持。在这一过程中，应以企业为主体，高校与科研机构协同，增强校企联合、机构企业联合。企业应充分把握市场，及时给高校与科研机构提供市场调研报告、重点研究项目报告等相关材料，高校和科研机构在充分理解市场需求的基础上调配各类资源，实现有效科研成果的产出。

另一方面，政府相关部门也要为企业融资和技术交流提供支持。例如，政府可通过减税免税、设立新兴战略开发知识产权质押融资产业发展专项资金等减缓企业资金压力；鼓励金融机构推出科技创新金融产品与服务，实现以科技成果进行融资的创新。此外，还要提供新兴产业技术研究交流平台，通过召开相关的国际论坛与学术会议鼓励相关技术成果的交流，通过参与国际科研活动（例如国际大科学计划和大科学工程）来实现对国外科技资源的合理利用。

② 打造技术创新协同平台

一方面，国家要着眼全局，建设覆盖各个地区的公共创新共享平台（如国家技术创新中心、国家产业创新中心等），实现资源共享、信息互通、创新协同；另一方面，头部企业要发挥其局部引领作用，以新技术产业链为载体，联合产业链上的上游、中游、下游企业进行创新，进一步优化创新链上的资源配置，引领行业进步。

③ 推进技术要素市场化改革

一方面，丰富技术要素的流通渠道和流通路径，推动综合性大型技术市场（如中国技术交易所、上海技术交易所和深交所科交中心）与区域性、行业性技术市场之间的联系，进一步优化要素配置，尽力实现生产要素与生产力之间的转化。同时，构建成果转化服务体系，通过打造技术创新成果转化平台等方式加快核心技术的转化速度。另一方面，完善科技成果的评价体系，丰富科技成果的评价准则，不再局限于追求其经济效益与产出数量，而将科技成果的社会效益（如对产业链发展的促进作用、对关联产业的推动作用、对前沿技术的开拓作用等）也纳入评价体系中。同时，设立合理的激励机制，提高科研人员的积极性，让科研成果能够有效落地。

（3）要点3：持续优化产业空间布局

我国战略性新兴产业发展面临的第三个难题来自产业空间布局方面，对应的挑战和对策如图14-6所示。

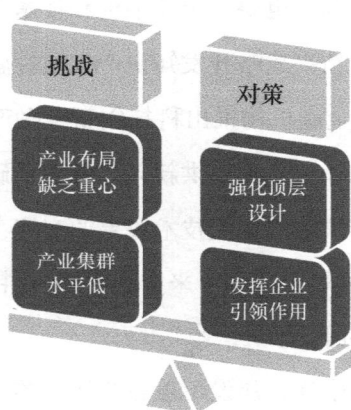

图14-6　产业空间布局方面的挑战及对策

产业空间布局有待优化体现在以下两个方面。

① *产业布局缺乏重心*

一方面，各地区在进行战略性新兴产业布局时缺乏长远谋划，未考虑产业之间的协同合作，没有与产业布局当地的实际情况相匹配，甚至出现盲目追求战略性新兴产业全覆盖的情况，没有形成规模和集群，对区域经济的辐射作用较小。另一方面，区域产业结构设计不合理，同质化严重，不同产业出现不同的供需矛盾，发展严重失衡，造成区域资源的严重浪费，并掣肘区域经济的可持续发展。

② *产业集群水平低*

"十四五"规划提出了战略性新兴产业布局转向区域集群建设的目标，但就当前情况来看，我国实现高质量的产业集群，还有较长的一段路要走。

一方面，战略性新兴产业中的头部企业未发挥其辐射带动作用，部分产业尚处于早期发展阶段，以小微企业为主，对行业有影响力的大型企业尚未形成，难以实现各企业之间的协同配合与资源共享。此外，部分企业集群多是同类、同阶段产品的集聚，而没有与产品的上下游企业协同形成完整的产业链，造成集聚区内产品生产的缺环现象。

另一方面，在空间上，产业集群的地区分布不均衡，东部与西部的发展差异明显。由于东部沿海地区经济较发达，既有经济发展所带来的传统要素（劳动力、资本和土地）的支持，同时已逐渐建立起来的现代产业体系又具有获得更多新型要素（数据、信息和知识）的能力，生产要素配置水平高，因此战略性新兴产业集群程度高，例如，长三角地区的信息技术与新能源集群、环渤海地区的高端装备制造集群、珠三角节能环保产业集群等。而中部与西部受限于经济发展水平与生产要素，战略性新兴产业的发展主要依赖东部地区的带动，产业集群水平较低。

为此，需要提升产业集群水平，具体如下。

① 强化顶层设计

各地政府应充分结合本地区经济发展的实际情况，综合区域内产业发展的各方面条件进行战略性新兴产业的发展布局，明确主次，合理配置区域内的资源，注意产业发展的协调性和可持续性。

同时，各地政府要结合产业的发展阶段及时调整产业，当产业发展进入平稳上升期后，应注意存量优化和增量优质：一方面要注意推动一些已形成较好基础的产业（如 5G、人工智能、新能源等）进行升级，提升其发展纵深度；另一方面，要敏锐感知产业发展的大环境，提前进行新兴产业（新空间技术、基因技术、量子信息技术）的拓展布局，抢占未来产业发展先机。

② 发挥企业引领作用

各地政府应积极引导行业头部企业发挥其示范引领作用，利用其已有的技术、资本和人才等优势串联其产业链上的上游、中游和下游企业，为中小型企业提供发展助力。针对产业链上的薄弱环节，应集中精力重点发展，与产业链横向企业配套联合，形成经纬交织的产业网，促进高质量产业集群的形成。

（4）要点 4：推动资源要素高效聚集

我国战略性新兴产业发展面临的第四个难题来自资源要素方面，对应的挑战和对策如图 14-7 所示。

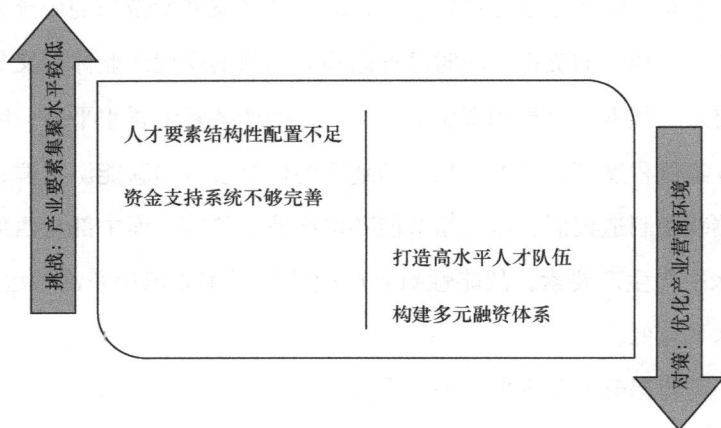

图 14-7　资源要素方面的挑战及对策

产业要素集聚水平较低体现在以下两个方面。

① 人才要素结构性配置不足

一是当前教育体系的人才培养与战略性新兴产业的用人要求难以匹配。在招生阶段，选择新兴产业学科作为研究方向的学生数量远少于选择传统学科作为研究方向的学生数量；在培养阶段，学校未能结合新兴产业发展和企业用人的实际情况对学生进行相应的专业素质和综合能力的培养，尤其缺乏对复合型数字人才的培养；在就业阶段，学校缺乏合理的就业引导与平台提供，在校阶段选择了新兴产业学科的学生，毕业后进入战略性新兴企业内工作存在一定的难度。

二是职业教育建设水平有待进一步提升。职业课程的设立往往集中于某一职业或行业，难以全面满足战略性新兴产业的用工需求。

三是人才引进的质量及管理问题。各地通过"海外高层次人才引进计划"引进很多人才，但对这些人才的评价、管理，以及如何激发其创新活力需要重点考虑。

② 资金支持系统不够完善

战略性新兴产业的核心是技术研发所产出的成果，而技术研发成果的产出需要强大的资金支持，以提供研发过程中科研人员、实验室、实验材料等方面的费用。当前可选择的资金获取渠道包括银行借贷、风险投资等，然而战略性新兴企业以这些方式获取研究经费时面临较大的问题。

一是新兴企业需要研究成果落地后才能有可盈利的产品，整体研发风险大而自身资产较少，不符合商业银行根据资产和风险评估情况给予放款的安全原则，难以融资；二是"风险共担，收益共享"的风险投资模式在国内尚不成熟，很难为战略性新兴产业提供助力。

为此，应优化产业营商环境，具体如下。

① 打造高水平人才队伍

在人才培养方面：一是要加快高校学科建设，优化其人才培养方式，推动高校结合战略性新兴产业的发展需要设立交叉专业，并鼓励学生报考，同时深入校企合作，结合企业需求对人才进行定向培养，并提供就业平台；二是要深化职业教育改革，推动职教学院产教融合，加快向企业输送高质量的技术人才。

完善人才引进机制，在进行人才引进的过程中可以与相关机构合作，或通过建设相应的人才数据平台实现双方互选、精准匹配，更高效地引进企业所需要的优质人才。此外，人才引进后还要注意人才作用的有效发挥，既要制定合理的考核标准，同时也要设立相应的激励制度，同时为其提供可供施展能力的支撑平台。

② 构建多元融资体系

在企业生长期，企业应充分利用好天使投资、创投和私募股权等创业资金来源渠道，让企业在发展初始阶段有充足的条件"打好基础"。在资金来源上，企业要在政府引寻基金的基础上，探索完善保险资金、银行理财资金等市场化募资渠道，从而更灵活、更高效地帮助企业获取更多的资金支持；在退出渠道方面，企业应积极加强相关平台建设，进一步完善 PE 二级市场，做好底层数据、专业估值、国有股权建设转让规则等基础服务。

此外，金融机构还应创新推出更适用于战略性新兴产业发展的金融服务产品（如结构债券工具、并购支付融资工具、中小企业金融工具等），并推动其扩容，结合产业发展的特点在绿色金融、科技金融和跨境金融等方面进行更多探索。

第六部分

县域经济篇

第 15 章

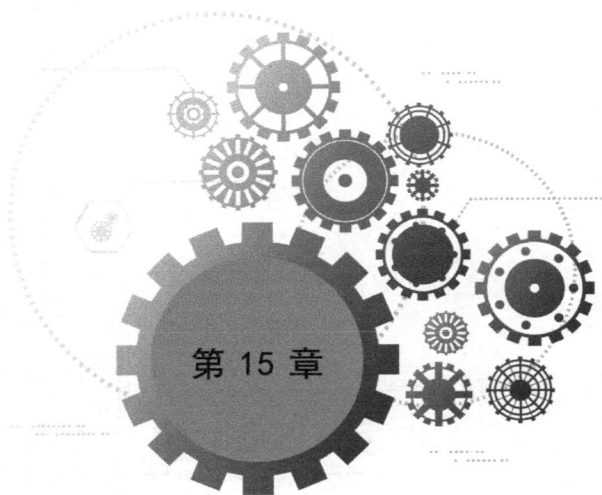

县域新质生产力：
重塑县域发展格局

01 ╱ 加快形成县域新质生产力

　　新质生产力是符合高质量发展要求的生产力，目前已经被写进《政府工作报告》中，并成为社会经济发展中的热议话题。为了推进各县域经济高质量发展，需要深入理解"因地制宜发展新质生产力"的内涵，并深入贯彻落实各项相关政策规划。

　　从定义来看，县域经济指的是一种以县为中心、乡为纽带、村为腹地的行政区划型经济，也是我国国民经济的基本组成部分。具体来说，在资源配置方面，县域经济需要以县为单位，且县域是我国资源禀赋最丰富的区域；在社会功能方面，县域经济也具备较为完整的社会经济功能；在实际发展方面，县域经济需要在农业和农村经济的支撑下实现整体发展。除此之外，县域经济还是城市经济和农村经济之间的桥梁，能够为二者之间的交流和融合提供支持。县域主要包含县城和乡村两部分，其中，乡村是县域的主体部分，近年来，我国持续推进乡村振兴战略，并围绕县域展开一系列战略实施活动，从整体上推动县、乡、村协同发展。

　　从实际操作来看，可以采取以下 4 项措施推动县域新质生产力快速发展，如图 15-1 所示。

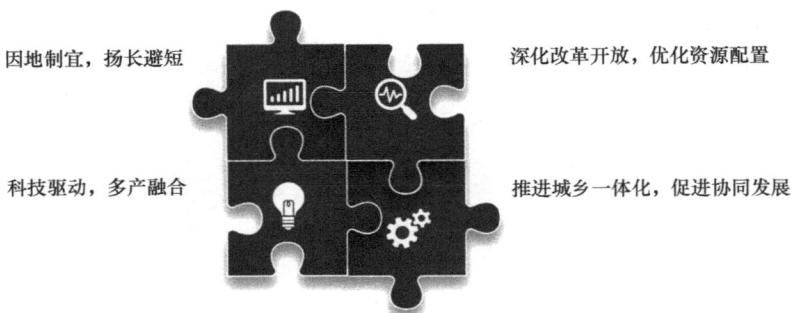

因地制宜，扬长避短

深化改革开放，优化资源配置

科技驱动，多产融合

推进城乡一体化，促进协同发展

图 15-1　推动县域新质生产力发展的对策

（1）因地制宜，扬长避短

各县域应根据自身实际情况因地制宜地发展新质生产力，同时也要综合考虑当地的资源禀赋、产业基础和科研水平等各项相关因素，科学合理地发展新产业、新模式和新动能，利用各种新技术对传统产业进行优化升级，推动产业向高端化、智能化和绿色化的方向快速发展。

因地制宜指的是制定并实施符合当地实际情况的发展策略。在发展县域经济的过程中，我国需要从当地的实际情况出发，了解并充分发挥比较优势，通过科技创新等方式培育新质生产力。为了促进县域经济的发展，我国应充分了解各个县域的实际资源禀赋情况，并在此基础上进行创新融合，利用现代化的技术和手段促进农业和农村经济的发展，同时为县域经济的高质量发展提供支持，坚持生产发展、生活富裕、生态良好的文明发展道路。

（2）科技驱动，多产融合

科技创新是经济发展的驱动力，也是增强县域经济竞争力的有效手段。我国应支持企业开展技术创新、产品创新和服务创新，助力企业提升自主创新能力，促进县域经济高质量发展。

在发展县域经济的过程中，我国应充分发挥科技创新的驱动作用，积极建设创新平台，促进科教创新与产业创新相结合，加大对创新人才的培养力度，保护创新成果，打造良好的创新发展环境，培养和吸纳科技创新人才，组建高水平的人才队伍，以便在人才方面为科技创新提供支持，进而提高科技创新成果的转化率和转化效率。

与此同时，我国还应发展高科技农业，将新质生产力应用到农业领域的成果转化中，提高农业的先进性和技术性。从实际操作来看，我国应立足农村，充分发挥各地农产品的产前优势，延长产业链，做强农产品精/深加工产业，围绕农产品加工打造具有优势互补、多产融合等特点的乡村振兴产业融合发展体系，从而加快农业科技成果落地，促进农业高质量发展。

（3）深化改革开放，优化资源配置

改革能够在一定程度上促进社会发展，开放能够在一定程度上促进经济繁荣。为了推动县域经济高质量发展，我国应深化改革开放，优化传统的行政体制和营商环境，激发市场活力，提升社会创造力，并通过改革开放来生成新质生产力。

具体来说，在全面深化改革的过程中，我国应根据市场优化资源配置，借助竞争筛选各个市场主体，充分发挥出县域经济的内生动力，与此同时，我国也要进一步扩大开放范围，吸引各方资本、技术和人才注入县域经济，促进县域经济快速发展。

除此之外，我国还应发挥政府的宏观调控作用和市场的决定性作用，协调好政府与市场之间的关系，在政策和公共服务方面为县域经济的发展提供支持，并根据市场进行资源配置，提升市场主体的活力和创新力，促进县域经济高质量发展。

（4）推进城乡一体化，促进协同发展

我国应从《政府工作报告》出发，推进城乡一体化，优化经济布局，提高城乡之间和各区域之间经济发展方面的协调性。具体来说，在推进城乡一体化的过程中，我国需要深入贯彻落实区域重大战略、主体功能区战略和区域协调发展战略，统筹推进新型城镇化和乡村全面振兴，打造优势互补、高质量发展的区域经济格局。

以县域为重要切入点推进城乡一体化是我国经济社会发展的关键，能够促进经济、社会和文化等互相融合，提高城乡发展的协调性和均衡性。改革开放以来，我国的城市化进程不断加快，但城乡之间的差距也日渐增大，我国需要深入贯彻落实城乡一体化发展战略，缩小城乡之间的差距，促进二者协同发展。

具体来说，新质生产力是支撑我国经济社会高质量发展的重要驱动力，在推进县域城乡一体化的过程中，我国应从政府和市场两方面入手：在政府方面，我国政府需要加强对城乡一体化建设的规划，发布相关政策，为各项相关工作提供引导，以便在资金和政策层面为城乡一体化建设提供支持；在市场方面，我国需要吸引企业和社会资本加入城乡一体化建设队伍中，实现政府、企业、社会三者共同作用，促进城乡经济协同发展。

02 坚持县域经济新发展理念

要形成县域新质生产力、重塑县域发展格局，需要坚持县域经济新发展理念，具体如下。

（1）创新理念

创新是县域经济实现高质量发展的动力，能够直接影响县域经济发展的速度、规模、质量、结构和效益。随着现代经济社会的不断发展，自然资源的可利用率将逐渐减少，创新要素将逐渐成为经济发展的关键要素。

从实际操作来看，在县域经济发展的过程中，应积极推进科技创新，促进创新要素与实体经济深度融合，并重塑各项相关机制，从县、乡、村等多个层面入手，充分发挥县域经济要素的作用，提高各项科技成果的转化率和转化速度，推动科研机构（如农业科技和涉农科研机构等）快速发展，同时也要提升各项先进的适用技术（如农业技术、农机技术、农业信息化技术、数字化技术、智慧化技术等）的技术水平和应用水平，并进一步强化各个相关企业的核心竞争力，积极建设县域园区创新平台，助力县域园区新企业发展，在县域经济中开发具有发展潜力的新兴领域。

（2）协调理念

目前，我国在区域发展、城乡融合、经济和社会，以及物质文明和精神文明等多个方面存在发展不协调的问题，导致县域经济发展受限。对此，应从整体上优化调整县域城乡中的各个主体、要素和关系，提升县域经济的发展效能和发展质量，提高县域城乡居民的收入，减少矛盾冲突，以便促进县域经济高质量发展。

县域经济协调主要涉及县、乡、村3个层面，这就需要充分发挥县域经济的整体效能，提高县域经济发展的整体性，进一步巩固拓展脱贫攻坚成果，并与乡村全面振兴等工作互相联动，促进县域经济整体发展，提高县域城乡人民的生活水平，提高县域城乡之间在经济发展方面的协调性。

（3）绿色理念

人与自然之间存在共生关系，在推动县域经济发展的过程中，应顺应自然规律，保护自然环境，深度把握发展与安全，以及发展与环境保护之间的关系，充分发挥乡村振兴战略及"双碳"目标的指引作用，摆脱"先污染、后治理，先破坏、后修复"的困境，助力县域经济向绿色化、低碳化的方向发展。

在实际发展过程中，应坚持绿色发展，将绿色理念融入县域经济高质量发展的各个方面、各个环节中，构建并完善绿色低碳循环发展的县域现代产业体系，推动传统县域产业向绿色化方向发展，提升各个产业的绿色发展水平，同时也要从新能源、生活性服务业等多个领域入手，探索新的绿色经济增长点，鼓励各行各业使用绿色能源，从而提高县域经济发展的可持续性，通过县域经济获得更多的生态效益。

（4）开放理念

为了促进县域经济开放发展，应解决内外联动问题，提高县域经济的开放程度和开放质量，并坚持促进"引进来"与规范"走出去"并重。

一方面，在推动县域经济开放发展的过程中，应从县域经济的实际发展情况出发，遵循经济发展规律，充分把握县域资源禀赋特征，并在此基础上大力发展现代县域产业，吸引外来资本，引进先进的技术和高水平人才。

另一方面，在推动县域经济开放发展的过程中，应增强县域企业的产品竞争力，发展特色化产业，产出特色化产品，提升产品的价值，并树立良好的企业形象，提升品牌价值，推动县域经济实现高效益、特色化发展。

（5）共享理念

县域经济的发展应遵循共同富裕和共享的理念，坚持以人为本，支持各方人员参与县域经济的发展和建设，并借助科学的手段、先进的技术和合理的方式推动县、乡、村全体居民实现共同富裕，同时提升基层的治理水平，保护居民生活和生产的安全。

从本质来看，县域经济高质量发展就是提升县、乡、村3个层面在发展、共享和可持续性方面的一致程度，支持城乡协同发展，共同创造并共享财富。因此，应充分发挥共享理念的作用，充分利用县域经济中的各个主体和各项要素，促进县、乡、村协调发展，助力三者实现共同富裕。

基于共享的县域经济发展，既能够有效缩小城乡发展的差距，促进县域城乡融合发展，提高城乡之间在公共服务等多个方面的均衡性，也能够在一定程度上缩小整个县域的贫富差距，减少社会矛盾。

03　推进县域社会治理现代化

构建中国式现代化产业体系，必须坚持和完善中国特色社会主义制度，推进国家治理体系和治理能力的现代化。与此同时，还需要推动社会治理和服务重心向基层下移。推进县域社会治理现代化的关键如图 15-2 所示。

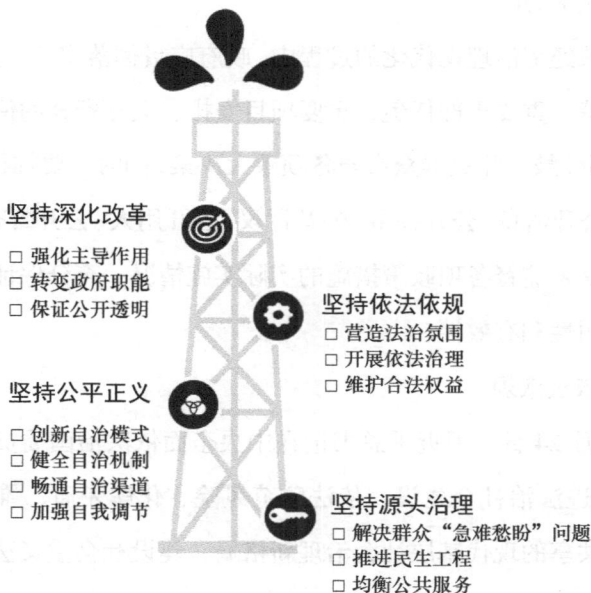

坚持深化改革
□ 强化主导作用
□ 转变政府职能
□ 保证公开透明

坚持依法依规
□ 营造法治氛围
□ 开展依法治理
□ 维护合法权益

坚持公平正义
□ 创新自治模式
□ 健全自治机制
□ 畅通自治渠道
□ 加强自我调节

坚持源头治理
□ 解决群众"急难愁盼"问题
□ 推进民生工程
□ 均衡公共服务

图 15-2　推进县域社会治理现代化的关键

（1）坚持深化改革

从实际操作来看，政府在县域治理的过程中，应充分发挥创新的作用，通过改革创新来不断优化治理方式，提升治理能力。

① 强化主导作用

政府应充分发挥治理职能，精准判断县域经济发展趋势，制订科学合理的县域经济社会发展规划，出台有效的县域经济社会发展政策，在推进县域经济治理现代化的过程中充分把握并遵循县域经济社会建设的规律。

② 转变政府职能

在县域经济治理的过程中，政府应严格按照相应的法律法规来行使各项权力，实施各项操作，并制定政府向社会力量购买服务的目录，以便根据该目录来合理安排各项社会自我管理服务项目，如基本公共服务、社会治理服务等，由社会组织来处理这类工作，从而转变县域政府的治理职能。

③ 保证公开透明

在推进县域经济治理现代化的过程中，政府应贯彻落实"三重一大"制度，即重大事项决策、重要干部任免、重要项目安排、大额资金的使用，必须经集体讨论做出决定，鼓励相关群众参与各项重大决策，同时也要推行党务政务"六项公开"，即"公开信息、公开办事、公开评议、公开用人、公开督查、公开问责"，由广大人民群众来监督各项政策措施的实际实施情况，充分保证县域政府治理的公开性、透明性和有效性。

（2）坚持依法依规

2018年8月24日，习近平总书记在中央全面依法治国委员会第一次会议上指出："要推进法治社会建设，依法防范风险、化解矛盾、维护权益，加快形成共建共治共享的现代基层社会治理新格局，建设社会主义法治文化。"

在县域社会治理方面，应全方位推进县域多层次多领域依法治理，提高县域社会调节的法治化程度，增强治理的实效性。

① 营造法治氛围

充分发挥法律法规的作用，打造依法依规办事的社会环境，在法律法规层面为群众办事、解决问题和化解矛盾等提供方便。

② 开展依法治理

大力推进司法体制改革，并在此基础上优化县域矛盾纠纷调处机制，完善相关工作体系，并将法律作为调解矛盾纠纷的重要工具，确保群众权益的公平性。

③ 维护合法权益

进一步完善县域稳定风险防控体系和公共安全治理体系，充分运用各项防护技术和防护手段，构建风险防控体制和针对相关不法行为的依法打击体制，实现对县域社会治理风险的全方位防控。

（3）坚持公平正义

为了确保县域社会治理的公平性，应以公平正义为价值取向，支持县域居民自治，为居民提供多样化的自治方式，并提高县域居民自治的规范化程度。

① 创新自治模式

以"五民"工作法为抓手，构建"民事民提、民事民议、民事民决、民事民办、民事民评"的县域居民自治体系，并将其落实到实际的县域社会治理工作中。

② 健全自治机制

建立健全县域党组织领导的基层群众自治机制，如县域居民监督机制、县域居民议事机制等，让村（居）民共同参与各项集体事务的讨论和决策。

③ 畅通自治渠道

提高居民参与基层自治的积极性，借助群众的力量进行社会治安综合治理，落实各项社会治理工作，切实保障居民的切身利益。

④ 加强自我调节

着力培育和践行社会主义核心价值观，提高县域政府治理的有效性，实现社会自我调节，养成自尊自信、理性平和的社会心态，形成居民自治的良性互动。

（4）坚持源头治理

应从源头出发，加强县域社会治理，减少社会矛盾，提高县域民生保障的公平性。

① 解决群众急难愁盼问题

掌握、分析并解决各项县域基础民生问题，例如：在移民搬迁安置房建设方面，需要加快安置房的建设进度，让拆迁群众尽早住进安置房；在县乡道路改造方面，需要落实"三年大攻坚、共筑幸福路"的计划，提高交通路网的便捷性，为周边群众的出行提供方便。

② 推进民生工程

贯彻落实"十大民生工程"，即扶贫解困、就业促进、教育助学、社会保障、百姓安居、基础设施、环境提升、文化体育、医疗卫生和社会管理，以"小财政"撬动"大民生"，增进民生福祉，建立并完善县域城乡居民的社会保障体系和救助体系，并创新优化县域社会养老服务体系，同时为群众的创业和就业提供支持。

③ 均衡公共服务

进一步提高县域义务教育资源的均衡性，完善县域医药卫生体制，建立健全县域公共卫生服务体系，并全方位推动县域文体事业快速发展。

04 促进区域经济的协调发展

新质生产力的培育离不开技术、生产要素和产业的创新发展，而经济社会的高质量发展和发展格局的革新也离不开新质生产力的支持。因此，发展县域新质生产力，需要进一步优化新质生产力布局，以便提升区域经济发展的协调性，实现区域共同富裕。

（1）新质生产力的布局指向与区位条件

一般来说，各个产业的生产力存在多种类型，这些生产力在布局和区位要求等方面均存在一定的差异，例如，传统产业的生产力可以划分为原料地指向型、消费地指向型、劳动力指向型与资本指向型等，而新质生产力的布局为技术指向型。

从区位条件来看，我国在对新质生产力进行布局时所选择的地区应满足以下条件，详见表15-1。

表 15-1　新质生产力的布局指向与区位条件

区位条件	解析
人才聚集与科技力量感强	新质生产力布局地区应具备培育和吸引高素质人才的能力，具备一定的人力资源优势，能够借助这些高素质人才的力量不断提升自身的高科技水平
教育水平高	新质生产力布局地区应确保人民群众具有较高的文化水平和综合素质，同时也要鼓励人民群众不断更新知识结构，提高思维的创新性，并增强创新能力
协作配套条件完备	新质生产力布局地区应具备良好的配套社会环境，对人才有一定的吸引力，在创新发展过程中能够获得企业和科研机构的支持
交通通信等基础设施发达	新质生产力布局地区应具有快速便捷的信息传输渠道，能够及时获取发展新质生产力所需要的各项相关信息
创新活动支持力度大	新质生产力布局地区应具备良好的社会氛围，当地的政府、企业和社会组织应积极参与科研创新工作，且具备一定的研发能力，能够在资金、人力等多个方面为新质生产力的培育和发展提供支持

在布局新质生产力的过程中，需要严格筛选各个地区，找出符合以上各项条件的地区，因地制宜地发展新质生产力。

（2）优化新质生产力布局的相关举措

我国需要进一步提高区域经济发展的协调性和平衡性。从实际操作来看，在大力发展新质生产力时，我国也可以借此机会来提升区域经济协调发展的层次，但同时也可能面临区域经济发展不平衡加重的问题。为了有效解决这一问题，还需要充分落实各项相关政策，兼顾新质生产力快速发展和区域经济协调发展两项工作。具体来看，优化新质生产力布局的相关举措如图15-3所示。

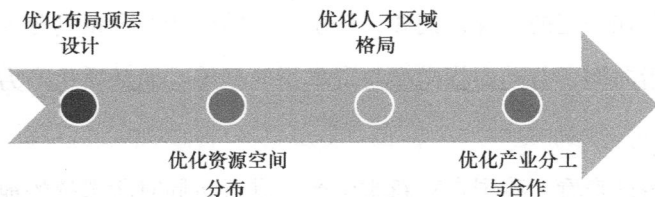

优化布局顶层
设计　　　　　　　优化人才区域
　　　　　　　　　格局

优化资源空间
分布　　　　　　　优化产业分工
　　　　　　　　　与合作

图 15-3　　优化新质生产力布局的相关举措

① 优化布局顶层设计

随着我国不断加快推进中国式现代化和高质量发展的速度，发展新质生产力的重要性日渐凸显。在发展新质生产力的过程中，我国应从各地实际情况出发，因地制宜地发展新质生产力，提高新质生产力在地区间的流动性和发展的有序性，避免出现重复建设、区域冲突等问题。对于发达地区，我国应对其有序引导，并大力推进技术创新工作；对于欠发达地区，我国应充分发挥各类新技术的作用，培育新质生产力。

② 优化资源空间分布

科技和教育是影响我国培育和发展新质生产力的重要因素，但就目前来看，我国仍存在科技资源和教育资源空间分布不均的问题，难以推动各区域协同发展新质生产力，也难以促进区域经济协调发展。为了提高区域经济发展的协调性，我国需要优化调整科技资源和教育资源的空间分布情况，提高这两项资源在空间分布方面的均衡性、科学性和合理性，同时也要完善并落实相应的对口支援与对口合作政策，在大力推进科教兴国战略的基础上，适当给予发展不充分地区更多的科教资源，为这部分地区的发展提供助力。

③ 优化人才区域格局

人才是国家发展过程中必不可少的资源，也是发展新质生产力的关键，全球各国都可以通过培养高水平人才的方式来提升自身的综合实力和核心竞争力，并借此获取更多的新质生产力。就目前来看，在人才密度方面，我国各区域之间的差距较大，为了促进经济发展，我国需要大力培养和吸引高水平人才，构建相应的人才平台，并进一步优化人才在各个区域中的布局，同时提高欠发达地区和农村地区的人才培养能力和对人才的吸引力，为其提供人才方面的支持，进而借助各类高水平人才优化新质生产力布局。

④ 优化产业分工与合作

创新是经济发展的重要驱动力，也是新质生产力在发展过程中不可或缺的要素。为了充分满足各个区域产业的发展需求，我国在推进科技创新和产业创新的过程中需要提高区域间的分工协作水平和层次，推动颠覆性技术和前沿技术的快速发展，并据此进一步提高各个地区和各个行业的企业在分工合作方面的科学性。除此之外，我国还应加大对各个新兴产业（如大数据、物联网、云计算、人工智能、生物科技、新材料和可再生能源等）的关注度，并借助各项新技术来增强各个产业的核心竞争力，进一步优化产业结构和生态，加强对各个新兴产业的统筹布局和投资引导。

第 16 章

机制建设：
驱动县域经济高质量发展

01 ⟋ 市场融入机制

　　在中国，县这一行政区划的历史非常悠久，是我国最基本的行政单元。推动县域经济发展，提高发展质量，应当从建立健全相关体制机制入手。在长期的发展过程中，县域经济形成相对固定的发展理念和发展路径，并对此形成依赖。如今，服务于社会主义现代化强国建设和高质量发展的目标和任务，应对各领域的发展思路和发展理念作出调整和更新，县域经济发展应具备现代化的意识和思维。具体来说，就是应具备现代市场思维和社会责任意识。推动县域经济高质量发展，关键是要转变总体发展思路，确立新的县域经济发展道路。

　　在县域经济发展中，市场融入机制所处的位置非常关键，是县域经济高质量发展的重要保障，为此需要建立健全市场融入机制。市场融入要求改变被动参与市场的行为，即被动地感受到市场的影响后观察和跟踪市场，然后被动地适应市场。被动参与市场只能从市场中获得有限的利益，因此需要从被动参与转为主动融入，主动寻求和开拓市场，从而取得更高的市场份额，获得更高的收益。

　　建立健全市场融入机制，需要政府、市场主体和广大居民共同发挥作用。在未来，政府的角色不再局限于城镇和乡村的治理者和建设者，还要为城乡居民提供优质的服务，提升城乡的活力和创新力，使城乡具备更强的竞争力。为了胜任新的角色，履行好新的职能，政府应当全面提升自身的服务能力，成为市场融入的运营者和引领者。

政府要先做好本职工作，为县域城乡居民提供其需要的公共服务，同时采取有效手段引领和运营县域经济市场融入。运营县域经济市场融入，首先需要明确城乡发展的总体目标，制订详细的发展规划；然后围绕目标和规划，发挥市场在资源配置中的决定性作用，以县域内的优势产业为基础，充分利用区域的特点和资源条件，不断开拓市场，扩大市场规模；最后提升县域经济发展的水平，创造更高的经济收益。

02 产业生发机制

产业是经济的主要载体，提升县域经济产业的水平，可以有效促进经济增长，增加居民收入和县域财政收入，推动县域经济高质量发展。针对县域产业发展，可建立健全县域产业生发机制，具体从以下 4 个方面入手，如图 16-1 所示。

优化县域产业结构　　　　　　　推进县域商业体系建设

构建现代产业经营体系　　　　　健全县域产业风险防控体系

图 16-1　建立健全县域产业生发机制的切入点

（1）优化县域产业结构

让县域产业进入城镇和乡村，并推动城乡之间融合。以产业作为县域繁荣发展的重要基础和保障，同时坚持规范发展，提高产业发展的质量，在发展过程中坚持绿色环保的理念。

兼顾第一、二、三产业，提升产业丰富度和产业之间的融合度，构建产业联合体；加强采购、生产、加工、销售等各个环节的协作，建设县域现代化产业体系；利用区域优势，凸显区域特质，形成专属于本区域的特色产业，打造具备一定价值和影响力的特色品牌。

（2）构建现代产业经营体系

县域产业发展到一定的规模和水平后，需要考虑将产业发展的成果转化为实际的价值，为此应围绕产业建立现代产业经营体系，培养高水平的产业经营队伍，从组织形式、管理模式等方面入手，推动产业价值的转化与实现，让产业发展的成果惠及城乡居民。

（3）推进县域商业体系建设

商业体系建设应聚焦终端消费，建立更完善的县、乡物流配送体系，结合客运、货运、邮政快递等配送方式，扩大配送范围，提高配送效率。商业体系应顺应电商风潮，在县域推行电商销售模式，通过电商直播等方式促进县域特色商品的销售。

（4）健全县域产业风险防控体系

加强对县域产业的监管，完善相关法律法规，加大执法力度，严厉整治非法经营行为和产品质量不达标现象，及时发现和解决县城产业在发展过程中出现的种种问题，切实提高县域产业的发展质量。

03　充分就业机制

长期以来，我国的许多县域都存在较为严重的人口流出问题，这主要是因为县域经济提供的就业岗位有限，不能吸纳足够的就业人口。县域经济吸纳就业能力不足，主要有以下 4 个方面的原因。

① 就业承载空间有限

我国大多数地区的县域经济缺乏良好的可持续发展基础，受限于县域产业发展水平和县域产业规模，无法提供足够的就业岗位，同时也未能在新模式下开拓出灵活的就业渠道，使就业岗位不足的问题未得到有效解决，这就无法承载大量的新增劳动力和返乡人员。

② 薪资待遇水平较低

县域经济的发展大多依靠要素的粗放式投入，技术水平和产业发展水平有限，产业附加值不高，盈利能力较弱，这就无法为就业人员提供较为可观的薪酬，无法吸引更多的人员就业。

③ 就业服务体系落后

部分县域的就业服务体系有待完善，受限于人员、技术、经费等，无法为返乡就业人员提供必要的就业服务。要想吸引在外人员返乡就业，需要积极宣传本地政策，并给出相关的工作信息，为就业提供指导，如果有必要还应为返乡人员提供技能培训。

④ 兜底机制不够完善

部分进城务工人员受教育程度不高、不具备特殊技能，只能长期在传统行业从事单一的重体力劳动。随着年龄的增长，这部分务工人员不再能胜任原有的工作，需要返回原籍以寻求工作。在这种情况下，县域经济的兜底机制尤其重要，然而就目前县域经济的发展状况而言，返乡人员的困难还不能得到有效解决。

为了更好地解决就业问题，各地政府应当坚持推动县域经济高质量发展，践行新型城镇化建设和乡村振兴的战略方针，提高县域经济发展水平，通过产业建设提升吸纳就业能力，减少本地劳动力外流，吸引在外人员返乡就业。

各地政府应利用本地的资源储备、自然环境、文化属性或区域内的其他特

色，并结合现有的产业基础，在县域内着重打造一批优势产业，建设产业园和
产业集群，形成相关的产业链，提供更多的就业岗位。除了产业本身的运行，
打造县域优势特色产业需要建设必备的基础设施，这同样可以创造一定数量的
就业岗位。此外，可围绕优势产业积极开展宣传，鼓励在外人员返乡创业，为
返乡创业者提供有力的政策支持，发放创业贷款或补贴，实行税收减免等优惠
政策。创业者的增加将扩大县域优势产业的规模，提升产业的就业承载力。总
之，建设县域特色优势产业可以帮助县域内的劳动力实现就近就业。

促进县域就业，提升吸纳就业能力，还可以突出城镇中心的作用，鼓励县
政府将住房保障政策的覆盖范围扩大到全体城镇常住人口，同时调整县域内的
产业布局，将县城作为县域产业枢纽，县城外的小城镇作为产业节点。通过集
中资源，将城镇打造成县域内具备较强实力和竞争力的核心区域，扩大就业容
量，吸引劳动力在县域内就业。

部分县域有着较为稳定的外出务工规模，在县域经济短时间内无法大幅提
高吸纳就业能力的情况下，应当为本地人员外出务工创造更多的便利，有输转
意愿的劳动力应做到应转尽转，在劳务输出时与输入地之间应建立有效的对
接，实行"一站式"便利服务。注重打造劳务品牌，通过劳务输出实现本地劳
动力的稳定就业，劳务输出能够创造可观的经济收入，对县域经济起到一定的
反哺作用。

04 城乡融合机制

城镇与乡村是构成县域的两个基本单元，县域经济应当兼顾城乡发展。
县域城乡融合发展主要针对的是发展均衡性的问题，为此应建立有效的城乡
融合机制，使得城镇和乡村共同发展，共同享有县域经济高质量发展取得的

成果。

县域城乡融合发展旨在促进城乡之间的协调发展，推动城乡实现良性互动，在这个过程中，城乡之间在产业和生活上的交流日趋频繁、合作日渐紧密，很好地做到了资源共享，通过协作提升了发展水平和发展效率。随着县域城乡融合发展的推进，城乡之间的边界持续弱化，有利于形成更加开放和谐的社会环境。

城镇与乡村之间的互通，是县域城乡融合发展的重要着眼点，城镇与乡村之间不仅要呈现出均衡发展的静态结果，还要强调互动共融的动态过程。城乡之间的要素资源应实现自由的双向流动，推动城乡共同迈向现代化。建立健全城乡融合机制，促进县域城乡融合发展，有助于扩大县域经济发展的覆盖面，对于县域经济的平衡、协调和高质量发展起到了积极作用。

在新发展理念的引导下，县域城乡融合发展的内核已经发生改变。过去的城乡融合一味强调扩大城镇规模，用城镇取代和合并乡村，这并不是真正的城乡融合，只是城镇的单方面扩张。如今，城乡融合有了更丰富的内涵，表现为城乡的深入交流合作和城乡一体化的持续推进，这样的深度合作和一体化进程具体体现在产业、教育、社会保障、基础设施建设等诸多方面，由此城乡间实现了协调发展，整体的社会环境、人与自然之间的关系也变得更加和谐。新发展理念下的县域城乡融合发展会极大地改变城乡面貌，县城、乡镇、农村社区将焕然一新，推动县域走向繁荣。

05　区域协作机制

受地理条件的影响，加之政策、区位等其他因素的作用，我国各地的经济社会发展水平也呈现出较大的差异。因此，推动县域区域协作，建立健全县域区域协作机制，在县域经济高质量发展的过程中起到重要作用。总体来说，建立健全县域区域协作机制，需要注意以下 3 个方面，详见表 16-1。

表 16-1　建立健全县域区域协作机制的关键点

关键点	解析
协作组合的搭配应合理	协作双方应当实现优势互补，保证协作的效果最大化。为此，应当深入考察和了解各个县域的发展水平和经济结构，基于县域的资源和产业状况，发现不同县域之间协作的必要性和可行性，引导各个县域找到适合自身的协作对象
协作参与方应加强沟通	协作双方应对协作具有责任感，认真对待协作过程中的各项工作；协作是双向的，对于协作对象要保持信任，多作沟通探讨，积极交换意见，不断深化合作；协作过程中要注重方法，多思考多摸索，提升工作水平，实现更高的协作效率
协作应围绕多方面展开	围绕多个方面展开协作，包括产业建设、人才培养、生态保护、社会动员、乡村治理等，扩大协作产生的积极影响

在开展县域区域协作时，要做好各项资源和要素的对接工作，为协作的顺利推进奠定良好的基础。产业是县域经济发展的重中之重，因此县域协作也应聚焦产业，围绕产业展开实际合作。在县域协作中构建产业协同体系，应从产业链、供应链、价值链全方位入手，不断深化产业合作，实现资源共享和优势互补，提升协作双方的产业发展水平。县域之间的产业协作，是县域区域协作的重要组成部分，也是推动县域经济高质量发展的关键举措。

在县域协作中，要注重发挥关键主体和资源的作用。合作组织和头部企业可以利用自身的影响力和实力大幅推动县域区域协作关系的深入，例如，一县域内的某大型企业可以为另一县域提供大量的就业岗位。另外，作为高质量发展的重要驱动力，科技创新也将在县域区域协作中发挥关键作用，科技创新成果的跨区域共享将有效提高目标区域的发展质量。同时，作为县域区域协作的主要发起者和指导者，政府在县域区域协作中的作用不言而喻，协作双方的政府可以定期举行联席会议或者相互考察访问，对已完成的工作进行总结，讨论在协作过程中出现的问题，听取相关意见，确定下一阶段协作的重点。

06 / 持续创新机制

创新是县域经济高质量发展的必由之路。目前，全国都在努力推动经济结构优化转型，基于该大背景，县域经济也在积极寻求改变，以创新为驱动推进产业向上突破，通过产业、生活、社会治理的有机结合切实提升发展质量。

改革和创新之间存在紧密的联系，改革为创新创造条件。以创新驱动县域经济高质量发展，需要从改革体制机制入手，合理分配利益，对创新起到激励作用，调动各类创新主体的积极性，释放其创新活力，通过多方的共同协作有效推动县域经济创新，进而驱动县域经济的高质量发展。

采用创新驱动的县域经济发展模式，需要建设知识型社区。知识型社区是县域创新的重要阵地，在社区中可以举行各种与创新有关的活动，并围绕创新展开经验交流和资源共享。知识型社区将是创新驱动县域经济高质量发展的重要支撑，在实现创新和推动创新成果产业化的过程中起到关键作用。将创新作为县域经济高质量发展的基点，还需要深化创新体制机制改革，构建与县域发展状况相适应的体制机制，形成以创新为驱动的县域经济发展模式。此外，其他多个领域的体制机制建设也会在一定程度上影响县域经济的高质量发展，例如，市场、知识产权、投资融资、分配、人才队伍建设等。

除以上提到的方面外，县域经济机制建设需要纵深推进"简政放权、放管结合、优化服务"的"放管服"改革，推动政府职能转变，从而提升市场活力；并加强金融监管，建立和完善县级财政和税收制度，从金融层面为县域经济的高质量发展提供保障。

第 17 章

乡村振兴：
促进农村农民共同富裕

01 驱动乡村产业现代化升级

在我国现代化建设推进过程中，农业农村现代化是一个难点，为更好地实现第二个百年奋斗目标，我们需要全面贯彻创新、协调、绿色、开放、共享的新发展理念，发掘农业发展中的新要素，发展农业新质生产力。促进农业新质生产力与乡村全面振兴双向互动，是实现乡村全面振兴和农业农村现代化的共同着力点。

新质生产力为乡村全面振兴提供了内在驱动力，是以生产力变革推进乡村产业、人才、文化、生态、组织"五个振兴"的必然选择。以新质生产力驱动乡村振兴，其内在逻辑是通过数字经济这一桥梁，为乡村产业系统装上科技创新的"引擎"，以农业、农村、农民为切入点，实现绿色发展与乡村产业系统的深度融合；以要素分配为桥梁，促进要素创新配置与乡村分配系统的快速衔接，最终勾勒出农业高质量发展、农村高水平建设、农民高水平收入的幸福乡村图景。

具体而言，科技创新是农业新质生产力的动力引擎，数字经济是其助推器。发展农业新质生产力，应围绕科技创新这一中心，利用数字经济实现传统乡村产业的转型升级，以农业强国目标为导向，进行农业战略性新兴产业和未来产业的谋篇布局。通过技术进步，发掘乡村农业生产中的新需求新模式，推动乡村全产业链升级，加快传统乡村产业的现代化过渡；坚持绿色、可持续发展，积极利用技术进步实现乡村产业的绿色化，通过绿色产业发展带动乡村生活方式的绿色化，建设生态宜居乡村；通过创新优化农业劳动者、劳动资料和劳动对象的要素配置，提升农业全要素生产率；促进乡村产业多元化发展，调整农民收入结构，实现农业劳动者收入水平的提升，从而增加其获得感、幸福感和安全感。

新质生产力的本质是先进生产力，其为科技发展与产业升级提供了最新的目标导向。一方面新质生产力能够加快传统乡村产业的改造升级，进行乡村战略性新兴产业和未来产业的合理布局，挖掘乡村产业发展中新的增长因素，为乡村全面振兴提供支撑；另一方面新质生产力也能够推动我国第一、二、三产业的协同发展，加快我国现代化经济体系的建设，提升我国的综合实力，使我国在国际博弈中更具竞争力。

（1）以数字技术改造传统乡村产业

传统乡村产业受分工、技术、竞争等因素的限制而存在产业链条较短、融合层次较浅、要素活力不足等问题，因而在产业发展中长期处于底层。随着产业数字化转型的进一步推进，互联网、云计算、大数据等数字技术的应用范围逐步扩大，产业发展的技术水平得到提升，使得乡村产业的发展能够获得更好的技术支持。

通过数字技术提供的交流平台，产业各环节之间和不同产业之间的合作交流进一步加深、联系更加紧密、融合程度得以提升，这激发了产业间的互补效应，在一定程度上中和分工不均和竞争不足带来的负面影响：一方面，这能够延长产业链，提升产品附加值，促进乡村产业的高端化发展，优化乡村产业结构；另一方面，这能够推动乡村产业与其他产业的融合发展，创造新的消费场景，激发新业态。

（2）布局农业战略性新兴产业和未来产业

大力发展新质生产力，应着重突破农业重大前沿技术，例如，将高光谱成像与传感器技术应用在农产品质量安全检测、推动生物制备柴油应用到农业动力机械中等，从而通过技术创新带动产业革新，不断生成农业战略性新兴产业和未来产业布局的创新牵引力。

布局农业战略性新兴产业和未来产业，一方面能够加速推进乡村产业链优化，推动农业与新型工业、现代服务业的结合可以进一步延长产业链，培育农业发展新模式新业态，丰富农村产业形式，促进乡村产业链健全完善；另一方面能够推动科技要素的重组，使生产要素的分配随之发生改变，从而带来产业组织与市场机制的变革。

通过农业生产资料、农业产业体系、农业经营方式的现代化建设，能够有效提升农业活动中的要素生产率，不断提高农业价值转化程度，提升农业发展质量。

（3）催生乡村产业新模式新业态

纵观人类发展历史，每一次技术变革都会带来经济产业的颠覆性进步。技术的突破性发展释放了原有产业中累积的巨大产能，催生出全新的产业模式与产业体系，并以产品为媒介将变革因素渗透社会的方方面面，最终实现生活方式的转变，拉动整个人类社会的进步。

随着互联网基础设施的不断完善，5G 等新型基础设施的建设和应用加快推进，乡村产业、电商销售与特色产业相融合的新业态在乡村产业发展中愈加普遍，乡村产业的市场潜力进一步被激发。新质生产力的发展也让人们对劳动的认识进一步深化，既提升了社会对传统劳动对象认识的深刻性，也提高了对新劳动对象发掘的广泛性，从而丰富了乡村产业的产品供给，带来了产业与生活方式的双重变革，加深了产业之间的关联，催生出更多新业态，并进一步激发出乡村经济发展新动力。

02 提升农村绿色发展水平

乡村承载着亿万农民的生活，在一代又一代人的积极建设过程中，形成一套独特的文明体系。推行绿色发展、保障发展的可持续性，是实施乡村振兴战略的一项重要内容。

（1）驱动农业生产绿色转型

新质生产力将人与自然的和谐共生作为发展目标，强调在人与自然进行交互的过程中应提升对自然资源的利用率，减少对自然资源的破坏和浪费，降低温室气体的排放量。

我国是人口大国，但可利用的土地和淡水资源却相对有限。自然资源有限、环境承载能力下降、农业技术智能化水平不高等问题成为制约我国农业发展的主要因素。在此背景下，只有实现绿色可持续发展，才能够有效解决我国农业发展的矛盾，从而进一步提升农业生产力。

当前，针对农业发展中存在的诸多问题进行的技术创新，例如数字技术、农业标准化清洁技术、生态循环技术等，逐步形成农业新质生产力，它们将进一步推动农业发展技术和农业发展模式的升级。以往高投入、高风险、高污染、低产出的传统发展范式将被高效能、高质量、绿色化的新发展范式所替代，技术落后对农业发展的桎梏将被打破，农业全要素生产率与固碳降碳水平将进一步提高，自然资源紧张问题也将有效解决。农业生产将更加高效、农村环境将更加宜人、农民生活将更加富裕，真正实现绿水青山就是金山银山。

（2）促进宜居宜业乡村建设

实现全面现代化必然要做好乡村建设工作。促进城乡之间、地区之间的发展平衡，进一步做好乡村自然资源的保护，优化乡村设施、打造优美宜人的乡村景观环境，是满足农民对美好生活追求的重要举措。只有建设好乡村环境，才能贯彻"以人为本"的理念，推动乡村发展沿着绿色、可持续的方向进行。

党的二十大报告提出"建设宜居宜业和美乡村"，这就要求我们摒弃以往粗放型的发展方式，以绿色发展理念为指引，推广浙江"千村示范、万村整治"的经验。要因地制宜对村庄进行规划布局，明确建设重点，做好基础设施建设，保障农村高水平基本公共服务供给，逐步进行领域拓展，坚持"美村"与"富村"并进、塑形和铸魂并重，全面推进厕所、垃圾、污水"三大革命"，改善乡村人居环境，推进乡村基础设施建设，将乡村打造为欣欣向荣的"世外桃源"，使其成为文化传承、创新创业、生态旅游的重要载体。

03 实现农民生活富裕富足

　　进入新时代后，农村居民的收入水平显著提高，国家统计局数据显示，2023 年，全国居民人均可支配收入 39218 元，扣除价格因素，比 2022 年实际增长 6.1%。其中，城镇居民人均可支配收入 51821 元，比 2022 年实际增长 4.8%；农村居民人均可支配收入 21691 元，比 2022 年实际增长 7.6%。2023 年我国人均可支配收入情况如图 17-1 所示。

　　同时，根据国家统计局发布的《中华人民共和国 2023 年国民经济和社会发展统计公报》，2023 年全国居民恩格尔系数为 29.8%，其中城镇为 28.8%，农村为 32.4%。由此可见，区域间、城乡间和行业内部收入不均衡的问题在我国仍较严重。

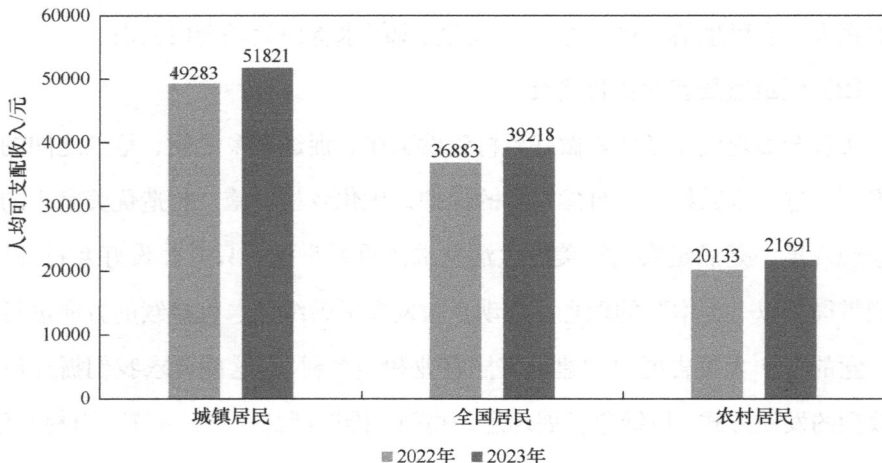

数据来源：国家统计局。

图 17-1　2023 年我国人均可支配收入情况

从收入的组成方式来看，农民的主要收入组成如图 17-2 所示。要实现农民生活的富裕和富足，应该从增加这 3 个方面的收入入手。

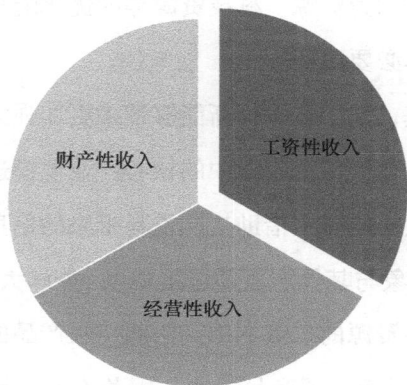

图 17-2　农民的主要收入组成

（1）增加农民工资性收入

新质生产力作为一种进步的生产力形态，创新是其核心驱动力，相应地，新的生产技术与生产模式也对作为劳动主体的劳动者提出了更高的要求，推动了农民在知识、技术和综合能力方面的进步，提升了农民群体的整体素质，使其具有更多的就业选择与更强的就业能力。而且，通过人工智能、大数据等技术的发展与应用，新质生产力完成劳动资料的改造升级，使之由机械化与初步智能化逐步转化为人工智能化与数据共享化。随着数据成为重要的生产力要素，数据收集与数据分析成为新型农业生产中的重要环节，相关的劳动设备成为新的劳动资料，传统劳动对象的范围进一步扩大，数据、算力都包含其中。

新质生产力对劳动者、劳动资料、劳动对象等的创新性升级，改变了传统生产力中的单一依赖关系，通过数据的流动增加了生产链条与其他产业之间的联系，推动了农村第一、二、三产业相融合，拓展了农业新功能，挖掘了农业新价值。同时，更加复杂的产业链、更加立体的产业结构，也为农民提供了更多的就业机会，有力地促进了农民工资性收入的增长。

（2）增加农民经营性收入

新质劳动者、新质劳动资料与新质劳动对象之间的创新性组合，促进了农村产业中自然资源、劳动力资源、科技资源等的优化配置，大幅提升了农业生产率，减少了资源的非必要浪费。

以传统农业为根基，基于技术创新能够带来更加强大的农业生产力，使得种植业、养殖业、畜牧业等传统农业中的核心产业规模进一步扩大，并推动产量的增加和产能的释放。同时，借助生产资料带来的信息快速流通与高效交换优势，以及新质劳动对象与其他产业的链接特点，能够大力发展现代特色农业，实现对自然资源和社会资源的有效利用。由此，农产品的价值不再仅仅局限于"物"本身的价值，而是综合了产品价值、服务价值、品牌价值、文化价值的价值综合体。这不但丰富了农村的产业形式，还有助于提升农业经营的投入产出比，在扩宽农民收入渠道的同时也提升其收入水平。

同时，发展新质生产力赋予了农业发展的开放性，通过提升农业生产技术能够推动农业与新型工业、服务业的融合，加快产业链不同环节之间、不同产业链之间乃至不同区域之间的信息交流与要素流动，丰富农业发展的要素条件。通过产业融合，能够挖掘新需求和新市场，不断为农业发展注入新的活力。此外，新质生产力还能够推动农业走向国际市场，进一步拓展农业发展的市场空间，让农民获得更多的经营性收入。

（3）增加农民财产性收入

"生产力决定生产关系，生产关系反作用于生产力"，生产力的变化必然引起生产关系的变化。大力发展新质生产力，将推动农村形成新型生产关系，促进农业生产组织方式的调整。通过深化农村土地改革，加快发展多种类型的家庭农场和合作社、头部企业和农业产业化联合体，能够加快构造现代农业生产经营方式，促进农业各主体之间的协调互动，推动农村经济向高水平方向发展，增加农民的财产性收入。

04 助推农村产业高质量发展

实施乡村全面振兴战略，进行农业农村的现代化建设，推动城乡融合发展，需要以农村产业融合发展为动力。

新质生产力为农业引入了高水平的创新技术和海量的数据资源，实现了对劳动者、劳动资料和劳动对象的升级改造，激发了农村产业发展中所蕴含的新的经济增长因素，实现了农村第一、二、三产业之间的深度融合，为农村经济发展提供了新动能。具体来说，新质生产力对农村产业高质量发展的推动作用主要体现在以下 4 个方面，如图 17-3 所示。

优化农业产业结构

➤提质增效
➤丰富产业形式
➤推动产业融合发展

推动农业技术创新

➤鼓励技术创新
➤打造地方特色品牌
➤保护知识产权

加强农业政策支持

➤做好财政支持
➤加大金融支持
➤优化供应链建设
➤建立健全农业保险制度

拓展农业经营业态

➤培育多元化经营主体
➤创新农业经营模式
➤完善利益分配机制
➤强化农业社会化服务体系

图 17-3　新质生产力助推农村产业高质量发展

（1）优化农业产业结构

农业产业结构的优化在促进农业发展提质增效的同时，还能够为农村产业融合提供更好的支撑作用。只有具备完备的产业体系、合理的产业结构，才能够更好地激发出农村各产业中的价值创新因素，实现产业间的深度融合。因此，要利用好市场，结合实际对农业产业结构进行调整升级。

① 提质增效

引入新质生产力能够推动农业技术的进步，智能农业设备、精准农业技术等可提升农业要素的生产率，降低投入产出比。

② 丰富产业形式

在传统农业的基础上不断加强农业产业链条之间、农业与其他产业之间的联系，可挖掘新的消费需求。休闲农业、旅游农业、农产品深加工等方式可延长产业链，丰富产业发展业态，实现农民增收。

③ 推动产业融合发展

鼓励农业与文化、旅游、电子商务等产业的深度融合、组合发展，激发产业间的互补效应，增强其内部的有机联系，实现产能释放，构建现代化农村产业体系。

（2）推动农业技术创新

农业技术创新是实现农村产业融合的前提，只有实现了技术上的突破，才能够使产业之间的深度融合成为可能。因此，要充分重视新型农业生产技术的引入，形成农业新质生产力，有效提升农产品的价值。

① 鼓励技术创新

加大对农业技术创新的投入，对农业科研机构与企业提供政策帮扶与激励，鼓励它们进行技术创新。同时，开展新型农民培育工作，提升其掌握农业知识与现代化农业技术的能力，实现农业生产的科学化。

② 打造地方特色品牌

结合地区资源和产业特色，加快科技创新，提升地方特色农产品的质量，通过标准化生产、质量安全追溯等手段保证农产品的质量，提升产品的知名度与美誉度。善用地方旅游资源与文化资源，深入挖掘特色农产品背后的文化意义，提升农产品的附加值，形成品牌效应。

③ 保护知识产权

完善地方知识产权保护机制，推进农村产权制度改革，保护农业品牌的合法权利，严厉打击假冒伪劣产品，做好产品质量检验，促进公平良性竞争，维护市场秩序。设立合理的激励机制，表彰在农业技术创新方面取得较大成果的企业或个人。通过科技创新延长品牌价值链，辐射带动关联产业的发展，促进产业的深度融合。

（3）加强农业政策支持

推动农村产业融合不断走向深入，实现农村产业的高质量发展需要做好政策供给，完善相关体制机制，以最终形成科学、完善、高质量的乡村产业体系。

① 做好财政支持

通过给予地区和企业定额补贴、提供税收优惠等措施为农村产业融合提供资金支持，落实好结构性减税降费政策，减轻企业发展压力，同时做好基础设施建设，畅通产业融合渠道，构建良好的市场秩序。

② 加大金融支持

鼓励金融机构积极创新，推出新的金融服务产品，满足不同农业企业和农户的融资需求，设立农业担保基金或贷款风险补偿机制，降低金融机构信贷风险，保障企业发展资金的安全。

③ 优化供应链建设

持续以科技赋能农产品供应链，实现其数字化与智能化。通过物联网、云计算、区块链等数字技术，监管产业链的各个环节，及时化解风险，提高供应链的效率和效益，降低物流成本，让农产品更好地流通。

④ 建立健全农业保险制度

针对农业发展中可能面临的各种风险，有针对性地提供保险保障服务，帮助农民有效解决农业发展中遇到的问题，降低其经营发展方面所面临的危险。通过政策宣讲、政策答疑等活动推广保险产品，增进农民对保险产品的了解，增加其购买意愿。通过强化政策制度供给进一步推动农业智能工业建设，逐步降低农业发展中的风险，推动农村产业融合的高质量发展。

（4）拓展农业经营业态

农业产业融合发展的目标之一是实现农业经营业态的多元化发展，因此，要进一步优化农业生产中各项要素的配置，推动形成公平合理的利益分配机制，促进各产业主体之间的高效协同，以推动农村产业的高质量融合。

① 培育多元化经营主体

促进农村生产关系调整，优化生产组织形式，鼓励农民、农业企业与合作社共同参与农业经营，建立信息交流共享平台，推动各主体之间的交流合作。

② 创新农业经营模式

鼓励新型经营主体与农户建立契约型、股权型利益联结机制，通过产业化手段将分散的农民个体经营紧密组织起来，促进产业的多元化、规模化发展，积极发展农民股份合作农场与社区集体农场等新型集体经营方式。

③ 完善利益分配机制

结合产业发展情况制定合理的利益分配原则，包括定价原则、利润分配原则等，推动形成完善合理的利益分配机制，激发各经营主体的积极性与创造性。通过政策法规保障利益分配的公平合理，确保分配过程的公开透明。

④ 强化农业社会化服务体系

政府可联合社会各界共同组建农业技术推广、农业金融、农产品营销等社会服务机构，提升社会服务体系的覆盖率，确保农业创新从项目启动到成果落地再到产值转化链路的高效贯通，为经营主体提供政策、资金和市场等方面的指导与服务；进一步加强农村产业发展共享利益链的建设，促进各经营主体之间形成互补效应，推动农村产业的高质量融合。

第七部分

创新实践篇

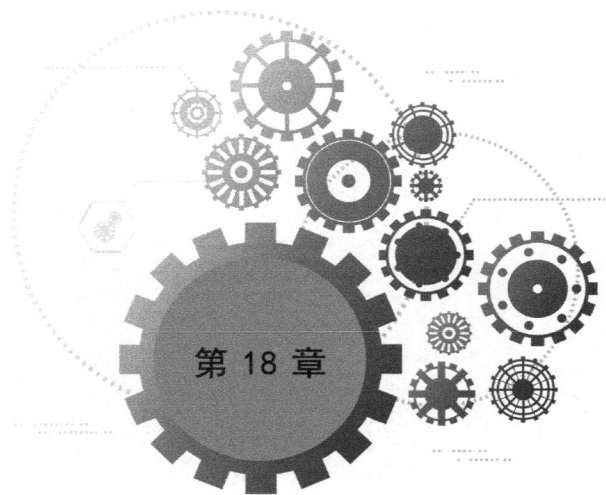

第 18 章

新质生产力
赋能中国经济高质量发展

01 经济高质量发展的必由之路

随着国际格局的不断变化、经济全球化形势的不断加深，我国经济发展的内外环境发生了深刻变化，发展的机遇与挑战并存。

为了进一步做好前瞻性战略布局，为我国今后的经济发展抢占先机，推动我国经济发展从高速度向高质量阶段平稳过渡，需要继续抓牢创新这一驱动力，加速突破性、颠覆性技术的研发，以加速推动产业生产力的变革，为我国经济发展进入平稳、高质量阶段提供坚实的物质基础。发展新质生产力，能够以创新赋能产业发展，符合高质量发展对生产力的内在要求。

（1）技术变革驱动高质量发展

新质生产力以科技创新为驱动，推动数字技术对土地、劳动力、资本、技术、数据等要素的渗透改造，以实现整体生产力的飞跃，补"短板"、锻"长板"，提升产业整体发展水平，提高全要素生产率，实现发展方式由传统的高污染、高投入、高能耗向高科技含量、高经济效益、低资源消耗、低环境污染转变，从而推动我国整体综合国力的提升。加快发展新质生产力与提升我国核心技术竞争力的轨迹高度重合，二者都是建设经济强国的必然要求。

数字技术向各产业的深度渗透，对技术、人才、数据等生产要素的升级改造，提高了关键产业和基础产业的生产力，推动了产业结构调整，以及产品和产业模式的迭代升级。数智化引领的战略性新兴产业和未来产业蓬勃发展，有利于进一步完善产业体系、优化经济结构、延长产业链条、创造新的市场需求、发掘新的经济增长点，通过产业链条之间的相互作用释放出巨大的经济潜力，从而实现速度、质量和效益的协调，进一步推动我国经济高质量发展。

尤其是在高端制造、先进技术、前沿科技等领域涌现出的突破性、颠覆性创新技术，为我国在当前和未来激烈的国际竞争中提供了发展的"加速引擎"，有助于我国加快赶超发达国家，抢占未来发展先机，取得在国际经济领域的话语权。

（2）绿色发展筑牢生态根基

在新发展理念的指导下，绿色发展将成为我国经济发展的一个基本准则，同时也是我国构建现代化经济体系、实现经济高质量发展的必由之路。以创新驱动代替要素驱动，降低经济发展对能源的消耗和对环境的污染是新质生产力发展的内在逻辑。这也直接改变了传统经济的增长模式，是对现有经济增长方式的革新，有利于实现经济的可持续发展，提升经济发展的容错度。绿色低碳、环境友好也将成为未来经济发展的主要趋势。

新质生产力将从生产材料、生产技术和生产方式3个方面实现经济发展的绿色可持续。新质生产力发展所引发的科研进步推动了大批新材料、新能源的开发，将实现资源的循环利用，提升资源的利用效率，减少环境污染与碳排放，推动各产业链的绿色升级；绿色环保技术、循环生产流程等技术上的创新使充分利用资源成为可能，为产业的绿色生产、绿色经营提供技术支撑，将促进经济增长由要素驱动转向创新驱动，并通过对节能减排、循环利用等技术的探索进一步实现生产过程的低能耗、低污染与高质量；新质生产力还将推动生产方式的转变，促进生产方式转向环境友好，用最小的资源环境代价获取最大的经济效益与社会效益，实现经济发展与环境保护两手抓，推进社会主义生态文明建设的不断深化。

（3）数智化资本优化生产要素配置

新质生产力从劳动者和消费者两方面实现了生产要素的优化配置。一方面，数智化设备的出现变革了传统的生产方式，不是以劳动者在单位时间内重复机械的劳动来创造价值，而是用生产效率更高、生产质量更好的机器代替人工进行物质产品的生产，从而将劳动者从简单机械的基础劳动中解放，转向学习与掌握先进技术和先进发展理念。通过这个过程，劳动者的素质和能力得以进一步提升，劳动力结构得到优化升级，新一代数智化劳动者逐渐形成，成为蕴含着巨大创新潜能的新质生产力因素。这也进一步优化了我国的收入结构，扩大了中等收入群体规模，增加高收入群体数量。

另一方面，数字化、智能化技术使得在产业过程中高效获取消费者信息成为可能。借助大数据、人工智能等技术，能够收集消费者的消费数据和消费偏好等数据，同时提供能够反映市场发展形势的模型，避免以往由于信息不准确和滞后带来的供需错位。这些技术能够打破产业生产与产品销售环节的时空限制，实现供给侧与需求侧的精准匹配，有效减少资源的浪费。

同时，供给端与需求端的高效匹配也能够为消费者提供更好的消费体验，甚至可以满足消费的个性化与定制化需求，从而极大地提升人民群众的生活品质与幸福指数。此外，新质生产力能够带来巨大的增量效益，提升整个产业的生产效率。

02 赋能经济实现质的飞跃

新质生产力蕴含巨大的创新因素，将在推动经济发展中发挥关键性的驱动作用。创新代替传统生产要素成为驱动发展的主要动力，标志着经济增长方式的变革与生产力发展路径的升级。传统经济模式强调以大规模、高投入的发展方式创造更多的产值，而新质生产力则强调通过对前沿技术、核心技术进行突破性创新，提升对资源的利用率，实现智能化、高质量生产，并以技术革新带动劳动技能的提高、劳动者能力的突破、劳动工具的进步与劳动对象的拓展，以此来实现生产链条上各要素的革新升级，从而推动整个产业的飞速进步。

随着全球化浪潮席卷越来越多的国家和地区，经济发展也由以往的封闭、半封闭走向完全开放，各个经济体在全球市场、国际舞台上展开博弈。这也意味着若想在世界站稳脚跟，在激烈的竞争中立于不败之地，需要各个主体不断进行价值创新，挖掘新的经济增长因素，以在瞬息万变的国际环境中抓住机遇和应对挑战。面对这一情形，新质生产力引入新技术、新理念和新途径，实现了创新与产业发展的互相促进、紧密结合，不断挖掘更多的经济增长因素，为经济发展注入不竭动力。

当前，我国经济发展正处于大转型、大变革的关键阶段，科技发展推动生产力进步，从而带动了上层生产关系的调整，这也加快推动着我国现代化经济体系的建设不断走深务实。在此背景下，我国需要改变以往的经济增长方式，实现要素驱动向创新驱动的转变。充分发挥经济发展中牵引效应、结构效应、乘数效应和增长效应的重要作用（如图18-1所示），推动新质生产力发展成熟和经济发展实现质变，将成为我国一项重要任务。

（1）牵引效应

科技是第一生产力，创新是第一动力，科技创新是新质生产力发展的主导力量。在迄今为止的四次技术革命中，推动人们实现由蒸汽时代、电气时代、信息时代再到当前的智能化时代的，正是一次次从科技创新中迸发的巨大能量。当前，人工智能技术、分子工程、虚拟现实、量子信息、清洁能源等新技术正成为新一轮科技革命和产业变革的中坚力量。

发展新质生产力，必须充分发挥新技术和新成果的牵引作用，让其更好地赋能产业发展。要不断在核心技术方面加大投入，加快取得颠覆性技术成果，并完善政策、基础设施和金融等方面的配套服务，加快形成高效的创新体系和产业集群，推动经济发展更高速度、更高质量。

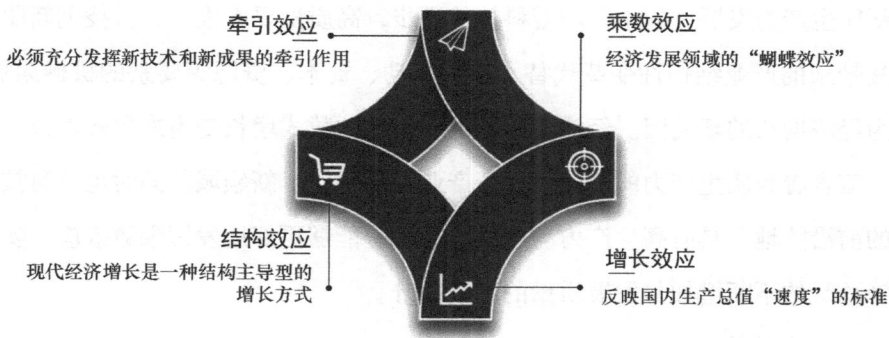

牵引效应
必须充分发挥新技术和新成果的牵引作用

乘数效应
经济发展领域的"蝴蝶效应"

结构效应
现代经济增长是一种结构主导型的增长方式

增长效应
反映国内生产总值"速度"的标准

图 18-1　新质生产力对于经济发展的作用

（2）结构效应

现代经济增长是一种结构主导型的增长方式，主要体现在 3 个方面：首先，现代社会的经济增长与配第 – 克拉克定理所阐述的规律相吻合，即第一产业的劳动人口与国民收入比重有所下降，第二、三产业的劳动人口与国民收入比重逐渐上升，劳动力向工业和服务业转移；其次，科技创新往往呈点状在某一行业、某一领域出现，通过产业链与产业网产生辐射力量，从而带动其他行业与领域的变革；最后，在国家经济发展中，先导产业、主导产业与支柱产业分别处于发展的初创期、成长期与成熟期。

其中，主导产业依托创新技术，能够带来新的增长函数，并带动其他产业的增长；支柱产业在国民经济中占有较大份额且能够对经济起到支撑作用。二者在一定时期内总是同时存在的，成为带动经济增长的主力行业。新质生产力的发展，将为战略性新兴产业与未来产业的链条式、集群式发展提供强大推力，提高这些行业和领域内的生产率，并通过扩张效应带动其他部门的发展，推动经济结构的调整升级，从而实现整个经济体系的高质量发展。

（3）乘数效应

乘数效应实际上是经济发展领域的"蝴蝶效应"，指的是经济活动中的某一变量变动，引发一系列的连锁反应，最终引起宏观经济的总量变动。例如，在新质生产力发展过程中，随着科技的进步，高质量要素投入、科技创新驱动及其带来的产业结构性变革代替了传统劳动、资本、资源等要素的机械累加，成为经济增长的新动因。经济增长也由以往的加数式增长变为乘数式增长。

蕴含着新质生产力的新技术、新产业、新部门、新领域，同时也是科技创新的前沿阵地，具有高生产力与产品附加值，能够更好地发挥乘数效应，实现经济总量的不断增加与发展质量的不断提升。

（4）增长效应

高质量发展建立在经济可持续增长的基础上。经济增长是由水平效应与增长效应两个分力所形成的合力。水平效应是反映国内生产总值"量"的标准，增长效应是反映国内生产总值"速度"的标准。结合美国、英国、德国、法国等高收入国家的增长经验来看，一个国家或地区想取得持续的经济增长，需要依托科技创新带动重要领域和支柱产业的劳动生产率与全要素生产率的提升，为经济发展不断提供动力。

新质生产力的发展要求我们聚焦重大科技领域与前沿技术的颠覆性创新，抢占战略性新兴产业和未来产业的发展高地。要以科技创新、产业结构升级、资源配置效率提升和体制机制创新为抓手，提升全要素生产率，不断释放经济发展中蕴含的巨大能量，实现可持续、高质量的发展。

03 赋能中国经济发展转型升级

当前，中国经济增长速度放缓，"稳增长、促改革、调结构、惠民生、防风险"成为接下来一段时期内经济发展的主题。而新质生产力作为一种先进生产力，因其带来的独特增长函数，成为新发展阶段我国经济转型的主要推动力。新质生产力聚焦技术创新、经济结构、全要素生产率提升，改变了原有经济增长依赖数量扩张的发展方式，为我国现代化经济体系的构建提供了新动力。

新质生产力使用创新驱动代替以往的资源消耗与资本投入为经济发展提供动力；通过协调发展实现经济发展"质的有效提升"和"量的合理增长"，解决发展不平衡问题；通过坚持绿色发展，实现发展过程中的资源节约与环境友好；通过开放发展，利用好国内国外两个市场，构建以国内大循环为主体、国内国际双循环相互促进的新发展格局；通过共享发展，缩小发展过程中的区域差异、城乡差异，推动实现共同富裕。由此可见，新质生产力的核心理念与我国的新发展理念具有高度一致性，也为我国经济与社会的发展指明新的方向。

（1）深化区域一体化建设

新质生产力的发展需要强大的物质基础支撑，因此要着力提升我国产业竞争力与经济的整体发展水平。在经济发展过程中，首先要发挥区域一体化战略优势，例如长三角一体化、京津冀一体化及粤港澳大湾区等战略框架，促进区域内城市的高效协同发展，实现资本、技术、人才的整合与共享；然后要充分发挥北京、上海及深圳等区域领先城市的辐射带动作用，加快与周边城市的合作协同；同时推动区域间的融合不断向纵深发展，打破行政壁垒、提高政策协同，凝聚强大合力，推动市场、创新与生态保护的协调并行，大力提高城市发展水平，促进基本公共服务的便利共享，为经济发展提供开放、包容、共享的良好环境。

深化区域一体化建设，不仅有助于在国内各个区域打造世界级城市群，同时还能促进对资源的高效共享利用，提升经济与科技的发展水平，增强集群效应，从而进一步推动新质生产力的发展，加快构建现代化产业体系。

（2）推进高水平对外开放

在新发展阶段，高水平对外开放作为一种制度型开放成为我国增强国内、国外两个市场两种资源联动效应、巩固外贸外资基本盘、培育国际经济合作和竞争新优势的重要窗口。实现高水平对外开放需要从顶层设计着手，涉及规则、规制、管理和标准等多个方面。对外开放策略，能够实现我国对全球资本与创新要素的吸引和聚集，利用全球要素为我国新质生产力的发展提供有利条件，最终将这些要素通过新质生产力转变为我国的产业发展优势，提升我国在世界经济治理中的话语权。

随着创新成果、新兴产业与高端人才等成为我国经济发展的主要驱动力，制度型开放的实施越来越成为我国经济发展的战略支撑。尽管我国经济体量在现阶段仍呈现出持续增长的态势，北京、上海及粤港澳大湾区等城市和地区的未来产业发展已经跻身全球产业发展的上游，但在产业结构、人才供应、资金支持、资源创新等方面仍然面临较大挑战。

在这一背景下，制度型开放将进一步吸引资本、技术、人才等进入我国市场，并进一步推进我国深度参与全球产业分工与合作，聚集新质生产力要素发展所需的高质量要素，加快培育战略性新兴产业。这既能够推动我国经济的高质量发展，又将提升我国在全球经济格局中的竞争力与话语权。

（3）加速高素质人才培养

人才是发展新质生产力的第一资源。首先，具备各个领域知识与技术的高素质人才是新质生产力不断向前的主要推动力，创新驱动的本质是人才驱动，人才的主观能动性加上其所掌握的知识、技术与积累的经验是带来创新涌现的关键；其次，新质生产力的推广和应用需要借助人才这一重要纽带，只有掌握各个领域先进技术和前沿知识的高质量人才渗透社会发展的各行各业，为企业提供技术成果向产业转化的合理方案，才能不断扩大新质生产力的影响，带来经济发展的乘数效应。

随着全球新一轮技术革命的到来，依托新质生产力的战略性新兴产业与未来产业获得各国关注，成为新时期大国博弈的重要领域，随之而来的是世界各国围绕人才资源展开的激烈竞争。对于我国来说，人才在我国发展中也扮演着越来越重要的角色：对外，人才能够作为桥梁实现我国与他国之间的联系与合作；对内，人才所形成的辐射带动作用能够促进新的人才队伍的壮大，让我国各行各业都能获得源源不断的人才，从而加快构建新的经济格局。

为了给我国经济发展提供强大的人才支撑：一方面，我们要注重国内教育体系完善，构建多层次的人才梯队建设，全方位进行人才培养；另一方面，我们需要做好人才引进平台建设，吸引更多海外人才来我国发展，建设良好的开放创新生态环境，深入实施新时代人才强国战略。

第 19 章

广东优势产业
新质生产力的实践启示

01　基础研究：补齐科技创新短板

为深入贯彻落实党的二十大精神，广东省持续推进高水平科技自立自强，强化战略科技力量布局，加快构建"基础研究＋技术攻关＋成果转化＋科技金融＋人才支撑"全过程创新生态链，并将创新落实到企业、产业和发展中，推动产业向高端化、数字化、绿色化、服务化的方向发展，并取得一定的发展成果。

2022年3月，广东省科学技术厅发布《广东省基础与应用基础研究十年"卓粤"计划（公开征求意见稿）》，公开征集相关发展意见信息，并在此基础上逐步展开"卓粤"计划，提高国家实验室、省实验室的质量和效率，增强二者的基础研究综合能力。

目前来看，广东省正在不断加强基础研究，大力推进创新工作，并积极建设综合性国家科学中心，同时充分发挥鹏城实验室和广州国家实验室的引领作用，构建包含省实验室、全国重点实验室和粤港澳联合实验室等多个实验室的实验室体系，为科技的发展和创新提供支持，并借助横琴的31家创新平台、前海的125家创新载体和南沙的132家高端创新平台为粤港澳之间的创新合作提供支持。

从实际操作来看，广东实验室与香港中文大学展开合作，南方海洋科学与工程广东省实验室也将自己的分部设在香港，广东与港澳共同建设了大量粤港澳实验室，用于支撑各项基础研究工作，为粤港澳之间的创新合作提供支持。不仅如此，广东省科学技术厅、深圳市科技创新委员会和南方科技大学共同在河套建设了粤港澳大湾区（广东）量子科学中心。

除此之外，腾讯和华为等民营企业也陆续开始建设相关实验室。例如，腾讯积极探索和研究各项先进技术，并在自身的各个事业群中设置了由量子实验室、Robotics X 实验室等各个实验室构成的实验室矩阵，同时通过各个实验室的研究来加快成果转化速度，例如星星海实验室、天衍实验室和银发科技实验室分别在硬件服务器开发、医疗人工智能和科技助老领域发挥着重要作用，能够有效推动各项科技的落地和应用。腾讯还利用各项先进技术和应用为各个行业赋能，例如物联网、云计算、音 / 视频、服务器、机器人、人工智能、网络安全、量子计算和数据中心等领域。根据广东省科学技术厅提供的统计数据，2023 年广东省重点实验室分布情况见表 19-1 和表 19-2。

表 19-1　2023 年广东省重点实验室（学科类）

序号	领域	数量
1	医学科学	87
2	生物科学	52
3	信息科学	45
4	材料科学	30
5	工程科学	30
6	地球科学	27
7	化学科学	9
8	数理科学	7

数据来源：广东省科学技术厅。

表 19-2　2023 年广东省重点实验室（企业类）

序号	领域	数量
1	制造	43
2	电子信息	29
3	新材料	23

续表

序号	领域	数量
4	生物医药	22
5	能源	15
6	现代农业	10
7	工程	6

数据来源：广东省科学技术厅。

从研发投入来看，广东省统计局、广东省科学技术厅和广东省财政厅联合发布的《2022年广东省科技经费投入公报》显示，2022年，广东省不断加大科技经费投入，全省在研究与试验发展方面所投入的经费共计4411.90亿元，比2021年增加409.72亿元。而根据广东省科学技术厅提供的统计数据，2023年广东省研发经费支出约4600亿元，研发经费投入、研发人员数、高新技术企业数、发明专利有效量、专利合作条约（PCT）国际专利申请量等主要科技指标均保持全国前列。2019—2023年广东省研发经费投入变化情况如图19-1所示。

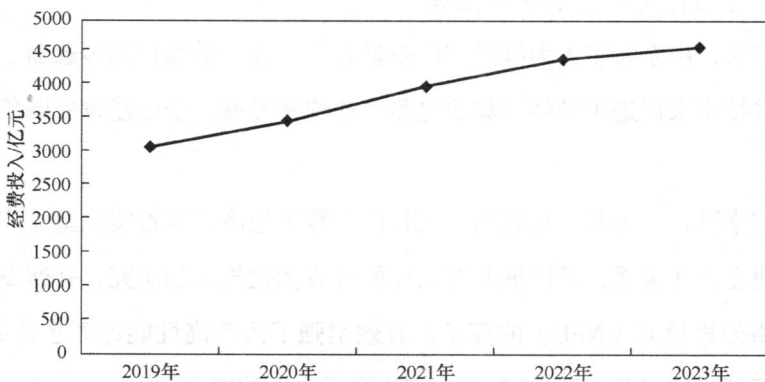

图 19-1　2019—2023年广东省研发经费投入变化情况

数据来源：《2022年广东省科技经费投入公报》《广东统计年鉴2023》。

而根据国家知识产权局提供的相关数据，近年来，广东省的发明专利授权量、PCT国际专利申请受理量和集成电路布图设计登记发证量在全国范围内遥遥领先。以发明专利申请数量和批准数量为例，2023 年全国主要省市的发明专利申请数量和批准数量见表 19-3。

表 19-3 2023 年全国主要省市的发明专利申请数量和批准数量

省市	申请总数 / 万件	批准总数 / 万件
广东省	14.2	7.7
北京市	13.5	5.8
江苏省	12.7	6.9
上海市	10.4	5.6
浙江省	9.8	5.2

数据来源：国家知识产权局。

02 技术攻关：突破关键核心技术

（1）"广东强芯"工程深入推进

近年来，广东省正大力推进"广东强芯"工程，借助智能传感器、模拟芯片等先进技术来促进半导体和集成电路产业快速发展，全面建设中国集成电路第三极。

目前来看，华为与广东省的人工智能与数字经济广东省实验室（广州）之间已经建立合作关系，共同展开对高性能计算优化技术的研究，并研发出国产华为网络处理单元（NPU）的算子，有效增强了国产高性能计算芯片的性能，大幅提高了我国在开发和生产 NPU 芯片算子方面的能力。

（2）新一代工业软件赋能应用新场景

近年来，各种新的制造场景层出不穷，各个行业和领域陆续开始借助各类工业软件来为自身赋能，进一步提升自身的发展水平。2023 年 11 月，广东省在工业软件生态大会上创建了广东省工业软件创新中心，并以广州、深圳和东莞 3 个地区为试点，展开软件推广应用工作，其中，有 7 款工业软件在新的制造场景中发挥了重要作用，且已经被评为工业和信息化部优秀工业软件。

与此同时，广东省还推出了 OpenGeometry 开源社区，并在此基础上进一步搭建几何内核的开源软件开发平台，以便开发和创新工业软件产品。不仅如此，广东省还鼓励各个合作伙伴积极参与产品研发，促进产业链协同发展，从而为工业软件产业的创新和发展提供支持。

（3）新一代通信研究突破瓶颈

2023 年 9 月，鹏城实验室对外宣布，其与北京邮电大学、电子科技大学、华中科技大学等多个高校共同构建的"面向 6G 无线高速接入原型系统及测试环境"被评选为"2022 年世界互联网领先科技成果"，这一研究成果大幅提高了无线测试速率，使得无线测试速率打破了业界原有纪录，为我国的 6G 技术研发工作提供了支持，同时也为我国抢占 6G 标准化的优势奠定了良好的基础。

除此之外，广东省新一代通信与网络创新研究院还开发了 6G 太赫兹通信原型系统，该系统已经通过了 IMT-2030（6G）推进组 6G 网络关键技术概念样机测试，且在该系统落地应用后，MIMO 368Gbit/s 净速率和单通道 130Gbit/s 系统传输速率将得到大幅提高，未来的网络也能够以更快的速率来传输信息数据。

人工智能与数字经济广东省实验室（广州）开发了扁平化宽度神经网络，该网络融合了宽度学习、深度学习算法和情感智能相关模型，具有较强的创新性，能够以全新的方式进行数据计算，从而有效节约计算资源，降低扩展难度。

（4）新能源研究多点开花

广东省具有全国唯一的国家地方共建新型储能创新中心。目前来看，广东省成为我国储能电池产业配套最完善的地区之一，具体来说，广东省在新型储能项目中的投资高达 22290 亿元，正在推进的项目的数量高达 100 个，其中，广东省能源集团 20MW 新型储能系统示范项目中融合了新型储能技术，且已正式并网投产，可实现节能、低碳和环保多重效益。

佛山仙湖实验室和国家电投集团氢能科技发展有限公司共同开发出"质子交换膜"，突破了全国产化高性能复合质子交换膜及其工程化制造技术。国家电投集团借助增强型复合质子交换膜技术开发了燃料电池系统和氢能大巴，氢能大巴的核心技术指标已经达到国际先进水平，且已经应用到 2022 年北京冬奥会的交通运输工作中。

（5）生物医药瞄准关键领域

深圳湾实验室已经建成超高通量药物筛选平台，该平台具有规模大、水平高、工业水准高等特点，能够在生物医药领域发挥重要作用。人工智能与数字经济广东省实验室（广州）展开了对精神疾病防治的研究，力图借助科技的力量来治疗精神疾病。

03　成果转化：构建科技孵化体系

广东省通过优化体系建设和加强机制创新的方式大幅提高了科技成果转化的活跃度。近年来，广东省的科技成果转化数量逐渐增多，相关技术服务合同项目数量也迅速增长，技术合同金额也越来越高。广东省正在围绕粤港澳大湾区国家技术创新中心展开技术创新转化体系建设工作，并不断对该体系进行优化升级，丰富该体系的层次，打造创新联合体，充分发挥粤港澳大湾区在制造业领域的优势，推动各项先进制造技术相关的科技成果的高效转化与融合应用。

具体来说，人工智能与数字经济广东省实验室（广州）与多家企业合作，共同推动创新技术成果的落地应用，例如，与广州无线电集团合作，共同构建了人工智能产业链创新联合体，为产业创新提供支持；与中国联通合作，共同创建了粤港澳大湾区人工智能与安全研究中心，为实现高水平科技自立自强提供支持；与百度合作，共同建设百度飞桨人工智能产业赋能中心，以便培养复合型人工智能人才，助力重点产业实现智能化升级；与云从科技合作，共同建设人机协同技术研究中心，推进相关科研成果示范应用。

与此同时，广东省还以产业链为中心展开创新链部署工作，并与人工智能、新一代信息通信、量子科学和脑科学等多个领域的相关组织机构展开合作，加快在前沿科学领域的布局速度，全方位推进新型研发机构的建设，打造高水平研究院，以便为各项相关研究工作提供支持。

2023年11月，广东省科技企业孵化器协会发布《广东省科技孵化育成体系建设发展报告（2023）》，并在该报告中指出，截至2023年年底，广东省共有科技企业孵化器1066家，众创空间1050家，两类载体数量在全国位居前列。广东创新孵化数据如图19-2所示。

数据来源：广东孵化在线。

图19-2　广东创新孵化数据

04　科技金融：超前布局科创产业

广东省当前所具备的科技金融服务体系具有全范围、多层次的特点，在经济发展过程中，广东省可以在金融领域进行科技创新，并充分发挥创新成果的作用，进一步优化发展格局，提高分布的合理性、分工的明确性、协作的高效性和竞争的有序性。

广东省各大银行能够在一定程度上满足科技企业的融资需求，在资金层面为企业的科技创新提供支持。具体来说，广东相关部门专门出台相应的政策文件，鼓励银行等金融机构为科技企业提供更多的信贷资源，促进科技企业发展。为了在金融层面上为科技企业提供更大的支持，广东省各大银行开始创新信贷业务模式。具体来说，中信银行广州分行发挥自身在科创金融方面的优势，以"科创强省"目标为中心，为新一代信息技术、新材料和高端装备等高新技术领域的科技企业提供更加优质的金融服务，加快科创企业布局速度，激发科技创新动能。

近年来，广东省不断推进政府性引导基金整合工作，扩大母基金的规模，助力财政资金的使用方式创新和新兴产业的发展，同时也吸引更多的社会资本注入科技领域中。根据母基金研究中心的数据，截至 2023 年 6 月底，广东共有 43 支母基金，其中，政府引导基金包含 4 支省级母基金和 26 支地市及区县级母基金，市场化母基金包含 8 支国企母基金和 5 支民营市场化母基金，详见表 19-4。

表 19-4　广东省母基金分布情况（截至 2023 年 6 月底）

类别	性质	数量/支
政府引导基金	省级母基金	4
	地市及区县级母基金	26
市场化母基金	国企母基金	8
	民营市场化母基金	5

数据来源：母基金研究中心。

根据公开的融资数据，2023 年，广东省、上海市和北京市的融资事件大多出现在智能制造、人工智能和医疗健康领域，且在这 3 个领域中，广东省的融资事件总数已超过上海市和北京市的融资事件总数。2023 年主要省市融资事件发生的行业如图 19-3 所示，2023 年广东省部分战略性新兴产业上市企业的大额融资事件见表 19-5。

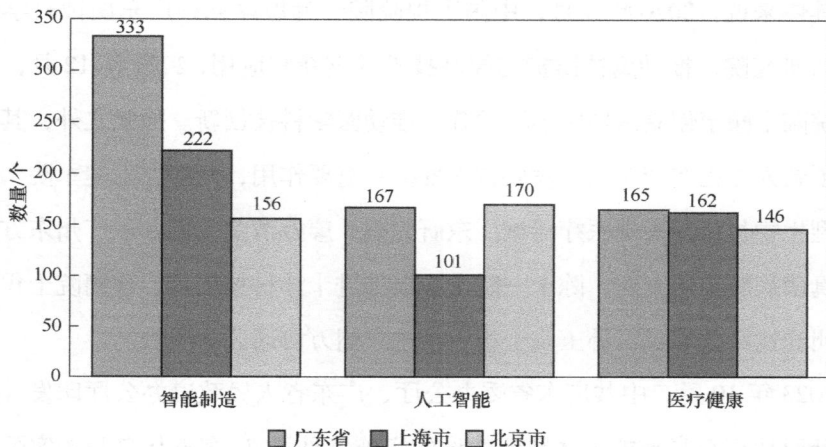

图 19-3　2023 年主要省市融资事件发生的行业

数据来源：天眼查。

表 19-5　2023 年广东省部分战略性新兴产业上市企业的大额融资事件

企业	产业	阶段	金额/亿元
传音控股	智能制造	股权转让	54.75
创维汽车	新能源汽车	A轮	数十
联合飞机	智能制造	D轮	20
兴森半导体	智能制造	天使轮	20
兆新股份	新材料	股权转让	13.95

数据来源：各上市公司财报。

05 ▏人才支撑：打造高水平人才高地

为了加快新质生产力发展，广东省积极构筑用于支撑新质生产力发展的人才底座，大力培养高水平创新人才，吸引世界各地的高层次创新人才，推进粤港澳大湾区人才高地的建设，促进新技术、新产业和新业态的快速发展。

具体来说，2020 年 3 月，中国工程院院士韩恩厚创办广东腐蚀科学与技术创新研究院，推动腐蚀防护与控制技术的创新和应用；2022 年 12 月，中国科学院院士颜宁创立深圳医学科学院，推动医学科技创新。除此之外，其他高层次创新人才也在产业创新发展方面发挥着重要作用，例如，王迎军院士创办了新型生物材料与高端医疗器械广东研究院，廖万清院士创办了广州东方皮肤病与真菌病防控研究院，陈十一院士积极推进十沣科技项目，曹镛院士积极推进广州光达科技项目，孙玉院士积极推进广州万协通公司项目。

2023 年 10 月，中共广东省委办公厅、广东省人民政府办公厅印发《关于加强新时代广东高技能人才队伍建设的实施意见》，广东省从自身的实际情况出发，不断加大高技能人才的培养力度，并创新人才的培养方式、使用方式、评价方式和激励方式，积极建设高技能人才集聚高地，强化自身在人才方面的优势。根据人力资源和社会保障部、广东省人力资源和社会保障厅的数据，截至 2023 年 12 月，广东省技能人才总量已高达 1934 万人，其中高技能人才为657 万人，研发人员数量高达 130 万人。

广东省大力建设科技孵化载体，组建相关团队。广东省已建成面向港澳的科技孵化载体超 130 家，在孵港澳创业团队和企业近 1100 个。

参考文献

[1] 周文, 许凌云. 论新质生产力: 内涵特征与重要着力点[J]. 改革, 2023(10): 1–13.

[2] 高帆. "新质生产力"的提出逻辑、多维内涵及时代意义[J]. 政治经济学评论, 2023, 14(6): 127–145.

[3] 李政, 廖晓东. 发展"新质生产力"的理论、历史和现实"三重"逻辑[J]. 政治经济学评论, 2023, 14(6): 146–159.

[4] 蒲清平, 黄媛媛. 习近平总书记关于新质生产力重要论述的生成逻辑、理论创新与时代价值[J]. 西南大学学报(社会科学版), 2023, 49(6): 1–11.

[5] 徐政, 郑霖豪, 程梦瑶. 新质生产力赋能高质量发展的内在逻辑与实践构想[J]. 当代经济研究, 2023(11): 51–58.

[6] 张林, 蒲清平. 新质生产力的内涵特征、理论创新与价值意蕴[J]. 重庆大学学报(社会科学版), 2023, 29(6): 137–148.

[7] 周延云, 李琪. 生产力的新质态: 信息生产力[J]. 生产力研究, 2006(7): 90–92.

[8] 余东华, 马路萌. 新质生产力与新型工业化: 理论阐释和互动路径[J]. 天津社会科学, 2023, 14(6): 90–102.

[9] 戴翔. 以发展新质生产力推动高质量发展[J]. 天津社会科学, 2023, 14(6): 103–110.

[10] 刘志彪, 凌永辉, 孙瑞东. 新质生产力下产业发展方向与战略: 以江苏为例[J]. 南京社会科学, 2023(11): 59–66.

[11] 魏崇辉. 新质生产力的基本意涵、历史演进与实践路径[J]. 理论与改革, 2023(6): 25–38.

[12] 刘海军. 学习领会、培育发展新质生产力[N]. 中国经济导报, 2023–09–26(6).

[13] 王学荣. 从传统生产力到生态生产力: 扬弃与超越[J]. 武汉科技大学学报(社会科学版), 2013, 15(1): 12–15, 28.

[14] 任保平, 王子月. 数字新质生产力推动经济高质量发展的逻辑与路径[J]. 湘潭大学学报(哲学社会科学版), 2023, 47(6): 23–30.

[15] 徐政, 郑霖豪, 程梦瑶. 新质生产力助力高质量发展：优势条件、关键问题和路径选择[J]. 西南大学学报(社会科学版), 2023, 49(6): 12–22.

[16] 石建勋, 徐玲. 加快形成新质生产力的重大战略意义及实现路径研究[J]. 财经问题研究, 2024(1): 3–12.

[17] 王珏, 王荣基. 新质生产力：指标构建与时空演进[J]. 西安财经大学学报, 2024, 37(1): 31–47.

[18] 程恩富, 陈健. 大力发展新质生产力 加速推进中国式现代化[J]. 当代经济研究, 2023(12): 14–23.

[19] 杜传忠, 疏爽, 李泽浩. 新质生产力促进经济高质量发展的机制分析与实现路径[J]. 经济纵横, 2023(12): 20–28.

[20] 令小雄, 谢何源, 妥亮, 等. 新质生产力的三重向度：时空向度、结构向度、科技向度[J]. 新疆师范大学学报(哲学社会科学版), 2024, 45(1): 67–76.

[21] 庞瑞芝. 新质生产力的核心产业形态及培育[J]. 人民论坛, 2023(21): 18–21.

[22] 蒲清平, 向往. 新质生产力的内涵特征、内在逻辑和实现途径: 推进中国式现代化的新动能[J]. 新疆师范大学学报(哲学社会科学版), 2024, 45(1): 77–85.

[23] 王琴梅, 杨军鸽. 数字新质生产力与我国农业的高质量发展研究[J]. 陕西师范大学学报(哲学社会科学版), 2023, 52(6): 61–72.

[24] 王珏. 新质生产力：一个理论框架与指标体系[J]. 西北大学学报(哲学社会科学版), 2024, 54(1): 35–44.

[25] 廖才茂. 试论知识生产力及其生成条件[J]. 当代财经, 2000(9): 3–7.

[26] 沈坤荣, 金童谣, 赵倩. 以新质生产力赋能高质量发展[J]. 南京社会科学, 2024(1): 37–42.

[27] 祝智庭, 戴岭, 赵晓伟, 等. 新质人才培养：数智时代教育的新使命[J]. 电化教育研究, 2024, 45(1): 52–60.

[28] 谢中起, 索建华, 张莹. 数字生产力的内涵、价值与挑战[J]. 自然辩证法研究, 2023, 39(6): 93–99.

[29] 胡洪彬. 习近平总书记关于新质生产力重要论述的理论逻辑与实践进路[J]. 经济学家, 2023(12): 16–25.

[30] 李玉倩. 新质生产力视角下行业产教融合共同体建设逻辑与路径[J]. 南京社会科学, 2023(12): 122–129.

[31] 陈璋. 论非均衡结构: 试确立我国经济理论研究的基本假设条件[J]. 经济理论与经济管理, 1990(1): 18–24.

[32] 蒲清平. 加快形成新质生产力的着力点[J]. 人民论坛, 2023(21): 34–37.

[33] 曾立, 谢鹏俊. 加快形成新质生产力的出场语境、功能定位与实践进路[J]. 经济纵横, 2023(12): 29–37.

[34] 苏玺鉴, 孙久文. 培育东北全面振兴的新质生产力：内在逻辑、重点方向和实践路径[J]. 社会科学辑刊, 2024(1): 126–133.

[35] 郭晗, 侯雪花. 新质生产力推动现代化产业体系构建的理论逻辑与路径选择[J]. 西安财经大学学报, 2024, 37(1): 21–30.

[36] 黄群慧, 盛方富. 新质生产力系统：要素特质、结构承载与功能取向[J]. 改革, 2024(2): 15–24.

[37] 张乐. 以新质生产力发展推进中国式现代化建设[J]. 人民论坛, 2023(21): 11–14.

[38] 侯冠宇, 张震宇, 董劭伟. 新质生产力赋能东北农业高质量发展: 理论逻辑、关键问题与现实路径[J]. 湖南社会科学, 2024(1): 69–76.

[39] 姚树洁, 张小倩. 新质生产力的时代内涵、战略价值与实现路径[J]. 重庆大学学报(社会科学版), 2024, 30(1): 112–128.

[40] 王占阳. 马克思恩格斯派生性社会发展观研究[J]. 史学月刊, 2004(1): 1–12.

[41] 习近平经济思想研究中心. 新质生产力的内涵特征和发展重点[N]. 人民日报, 2024–03–01(9).

[42] 盛朝迅. 新质生产力的形成条件与培育路径[J]. 经济纵横, 2024(2): 31–40.

[43] 赵峰, 季雷. 新质生产力的科学内涵、构成要素和制度保障机制[J]. 学习与探索, 2024(1): 92–101, 175.

[44] 张辉, 唐琦. 新质生产力形成的条件、方向及着力点[J]. 学习与探索, 2024(1): 82–91.

[45] 任保平, 王子月. 新质生产力推进中国式现代化的战略重点、任务与路径[J]. 西安财经大学学报, 2024, 37(1): 3–11.

[46] 张姣玉, 徐政. 中国式现代化视域下新质生产力的理论审视、逻辑透析与实践路径[J]. 新疆社会科学, 2024(1): 34–45.

[47] 蒋永穆, 乔张媛. 新质生产力: 逻辑、内涵及路径[J]. 社会科学研究, 2024(1): 10–18, 211.

[48] 刘洋. 深刻理解和把握发展新质生产力的内涵要义[J]. 红旗文稿, 2023(24): 20–22.

[49] 肖峰, 赫军营. 新质生产力: 智能时代生产力发展的新向度[J]. 南昌大学学报(人文社会科学版), 2023, 54(6): 37–44.

[50] 姜朝晖, 金紫薇. 教育赋能新质生产力: 理论逻辑与实践路径[J]. 重庆高教研究, 2024, 12(1): 108–117.

[51] 杜传忠. 新质生产力形成发展的强大动力[J]. 人民论坛, 2023(21): 26–30.

[52] 任保平, 李培伟. 以数字经济和实体经济深度融合推进新型工业化[J]. 东北财经大学学报, 2023(6): 3–13.

[53] 李奕. 加快形成新质生产力的教育贡献: 来自首都高等教育高质量发展的实践与启示[J]. 国家教育行政学院学报, 2023(10): 11–14.

[54] 李晓. 新质生产力 点燃创新引擎 汇聚澎湃动能[N]. 光明日报, 2023–10–11(7).

[55] 张辛欣, 严赋憬. 习近平总书记首次提到"新质生产力"[J]. 党的生活(黑龙江), 2023(9): 38–39.

[56] 郝思斯. 加快形成新质生产力[N]. 中国纪检监察报, 2023–09–19(5).

[57] 韩永军. 新质生产力本质是高新科技驱动的生产力: 访华南理工大学马克思主义学院谢加书教授[N]. 人民邮电, 2023–09–13(1).

[58] 倪杰. 新质生产力对我国经济发展模式转变的推动作用: 基于民营企业内外部效应视角[J]. 金陵科技学院学报(社会科学版), 2023, 37(3): 1–7.

[59] 张建云. 新时代需要何种互联网创新思维[J]. 人民论坛, 2020(17): 58–60.

[60] 杨广文. 关于生产力的质和量[J]. 晋阳学刊, 1985(2): 24–28.

[61] 吴文生, 荣义, 吴华清. 数字经济赋能新质生产力发展: 基于长三角城市群的研究[J]. 金融与经济, 2024(4): 15–27.

[62] 周文, 许凌云. 再论新质生产力: 认识误区、形成条件与实现路径[J]. 改革, 2024(3): 26–37.

[63] 洪银兴. 发展新质生产力 建设现代化产业体系[J]. 当代经济研究, 2024(2): 7–9.

[64] 姚宇, 刘振华. 新发展理念助力新质生产力加快形成: 理论逻辑与实现路径[J]. 西安财经大学学报, 2024, 37(2): 3–14.

[65] 翟青, 曹守新. 新质生产力的政治经济学阐释[J]. 西安财经大学学报, 2024, 37(2): 15–23.

[66] 钟茂初. "新质生产力" 发展演进及其增长路径的理论阐释[J]. 河北学刊, 2024, 44(2): 151–157.

[67] 郑建. 以新质生产力推动农业现代化: 理论逻辑与发展路径[J]. 价格理论与实践, 2023(11): 31–35.

[68] 翟绪权, 夏鑫雨. 数字经济加快形成新质生产力的机制构成与实践路径[J]. 福建师范大学学报(哲学社会科学版), 2024(1): 44–55, 168–169.

[69] 乔榛, 徐宏鑫. 生产力历史演进中的新质生产力地位与功能[J]. 福建师范大学学报(哲学社会科学版), 2024(1): 34–43, 168.

[70] 刘典. 论加快形成新质生产力需要统筹的三组重要关系[J]. 技术经济与管理研究, 2024(1): 1–7.

[71] 韩江波, 沙德春, 李超. 新质生产力的演化: 维度、结构及路径[J]. 技术经济与管理研究, 2024(1): 8–16.

[72] 乔榛. 新质生产力：马克思主义经济学的术语革命[J]. 学习与探索, 2024(1): 74–81.

[73] 李政, 崔慧永. 基于历史唯物主义视域的新质生产力: 内涵、形成条件与有效路径[J]. 重庆大学学报(社会科学版), 2024, 30(1): 129–144.

[74] 王水兴, 刘勇. 智能生产力：一种新质生产力[J]. 当代经济研究, 2024(1): 36–45.

[75] 刘瑞, 郑霖豪, 陈哲昂. 新质生产力保障国家经济安全的内在逻辑和战略构想[J]. 上海经济研究, 2024, 36(1): 40–47.

[76] 张文武, 张为付. 加快形成新质生产力：理论逻辑、主体架构与实现路径[J]. 南京社会科学, 2024(1): 56–64.

[77] 曾建勋. 助力新质生产力的加快形成[J]. 农业图书情报学报, 2023, 35(9): 100–101.

[78] 钞小静, 王清. 新质生产力驱动高质量发展的逻辑与路径[J]. 西安财经大学学报, 2024, 37(1): 12–20.

[79] 柳学信, 曹成梓, 孔晓旭. 大国竞争背景下新质生产力形成的理论逻辑与实现路径[J]. 重庆大学学报(社会科学版), 2024, 30(1): 145–155.

[80] 简新华, 聂长飞. 论新质生产力的形成发展及其作用发挥: 新质生产力的政治经济学解读[J]. 南昌大学学报(人文社会科学版), 2023, 54(6): 29–36.

[81] 邵传林. 促进新质生产力发展的政府作用优化[J]. 金融市场研究, 2023(12): 29–43.

[82] 人民论坛 "特别策划" 组. 新质生产力: 高质量发展新动能[J]. 人民论坛, 2023(21): 6–7.

[83] 陈超. 由 "新质生产力" 引发的思考[J]. 竞争情报, 2023, 19(5): 1.

[84] 杨丹辉. 科学把握新质生产力的发展趋向[J]. 人民论坛, 2023(21): 31–33.

[85] 李政, 廖晓东. 新质生产力理论的生成逻辑、原创价值与实践路径[J]. 江海学刊, 2023(6): 91–98.

[86] 胡代松. 培育新质生产力 增强发展新动能[J]. 新湘评论, 2023(20): 17–19.

[87] 王英杰, 田敬瑜. 从三个方面深入领会和把握 "新质生产力" [J]. 共产党员(河北), 2023(19): 32–33.